U0677669

体能训练与体育教学创新探索

主　编　曾瑞峰　赵　胜

副主编　胡　海　汤　婕　白军刚

东北大学出版社

·沈　阳·

ⓒ　曾瑞峰　赵胜　2025

图书在版编目（CIP）数据

体能训练与体育教学创新探索 / 曾瑞峰 , 赵胜主编 .

沈阳 : 东北大学出版社 , 2025. 6. -- ISBN 978-7-5517-

3847-7

Ⅰ . G808.14；G807.01

中国国家版本馆 CIP 数据核字第 20254Q1N35 号

出　版　者：东北大学出版社
　　　　　　地址：沈阳市和平区文化路三号巷 11 号
　　　　　　邮编：110819
　　　　　　电话：024-83683655（总编室）
　　　　　　　　　024-83687331（营销部）
　　　　　　网址：http://press.neu.edu.cn
印　刷　者：辽宁一诺广告印务有限公司
发　行　者：东北大学出版社
幅面尺寸：170 mm × 240 mm
印　　张：10.25
字　　数：171 千字
出版时间：2025 年 6 月第 1 版
印刷时间：2025 年 6 月第 1 次印刷
责任编辑：薛璐璐
责任校对：刘桉彤
封面设计：潘正一
责任出版：初　茗

ISBN　978-7-5517-3847-7　　　　　　　　定　价：79.00 元

前 言

　　随着社会的不断进步与经济的蓬勃发展，竞技体育运动与大众体育锻炼逐渐从社会的边缘迈向核心位置，体能训练与锻炼在竞技及大众体育领域中的受重视程度与日俱增。在竞技运动方面，运动训练的科学化水平不断提升，有力推动了现代竞技运动成绩的持续突破。训练模式从早期的综合训练发展到单项专业化训练，再回归到更加注重全面性的综合训练，其中体能训练作为各运动项目训练的核心要素，受到了前所未有的重视。不仅田径项目，各种球类及技能型项目也开始配置专业的体能教练。而在大众体育层面，随着休闲时代的来临，人们闲暇时间增多，体育锻炼已成为人们追求健康生活的重要方式，体能训练作为大众健身的基础环节，其重要性日益凸显。

　　体育教学改革的实施，对体育教师提出了更高的要求，不仅要求他们具备创新精神，还要求他们拥有较强的教学实践能力。随着教学形式的日新月异，高等院校的体育教育面临前所未有的挑战与机遇，亟须通过教学改革来培育出符合新时代要求的专业体育教育人才。体育教师作为这一职业领域的专业人士，不仅要有扎实的学科知识基础，熟练掌握教育学、心理学的理论知识，而且要不断精进体育教学技能，这些技能是体育教师核心能力素养的直接体现，也是提升教学质量、促进学生全面发展的关键所在。

　　本书系统阐述了体能训练的理论基础及其对人体健康的重要意义，深入探讨了体能训练在提升个体身体素质和运动表现方面的价值与作用。书中全面解析了构成体能训练的关键要素（包括力量、核心稳定平衡、速度与耐力及柔韧、协调和灵敏训练），并结合运动心理学分析了心理技能对运动表现的影响及运动损伤的心理因素和康复策略。针对高校体育教学，不仅概述了教学内容的构建原则与优化方法，而且探索了教学方法的创新实践，涵盖从传统到现代多模态教学手段的应用。此外，书中对体育教学模式的演变进行了理论阐释，提出了适应新时代发展的新型教学模式构建思路，旨在为体育教育工作者提供理论指导与实践参考。

编　者

2025 年 3 月

目　录

第一章　体能训练的基础理论框架

第一节　体能与体能训练

一、体能概述

（一）体能的概念

体能从广义上而言，是指人体对外界环境的适应及应对能力。在运动领域，与运动密切相关的体能是学生取得优异成绩的基础，它涵盖了爆发力、速度、耐力、柔韧性、敏捷性等多个方面，其核心目的在于帮助学生取胜并创造佳绩。

体能进一步细分为健康体能和竞技体能两大类。健康体能侧重于提升个体健康水平及基本活动能力，是普通人日常生活和体质增强的基石。竞技体能专注于培养学生在竞技比赛中所需的体能素质，以追求卓越的运动成绩为目标。体能的最高境界，在于机体对竞技运动的完美适应，这需要通过科学的运动训练来不断挖掘人体的潜能，将各种机体适应能力进行综合训练，并调整至最佳状态。每一个人在不同的年龄阶段、身处不同的环境、面临不同的条件时，都会产生独特的健康需求，因此，运动方式应契合这些健康需求。在规律的学习和工作环境中，可以安排固定时间、固定地点的体育锻炼；处于出差、实习、旅游或学习、工作繁忙等非常态情况下，需根据实际情况灵活安排，既要确保体育锻炼的连续性，又要避免干扰其他方面的事务。这种因人而异、因时因地制宜的体能锻炼理念使人们深刻认识到，每个人在各种不同情境下，都应选择最适合自己的运动方式和运动量。只有坚持体育锻炼，不断增强体能，才能获得并保持最佳的健康状态。

（二）体能的基本构成要素

1. 身体形态结构

身体形态结构是指人体内外部的形态特征，其外部形态指标涵盖高度（如身高、坐高等）、长度（如腿长、臂长等）、围度（如胸围、腰围等）、宽度（如肩宽、髋宽）及体量（如体重、皮脂厚度等），等等；内部形态则涉及心脏尺寸、肌肉形态与肌肉横截面积（CSA）等。身体形态与运动表现紧密相关，不同运动项目对身体形态有着特定的要求。身体形态受遗传与环境等多重因素影响，因此在选拔学生时，应着重考虑遗传因素，挑选出具备优越身体形态条件的青少年。身体形态在一定程度上映射出生长发育状况、身体机能水平及竞技能力，对运动素质的发展产生重要影响。身体形态的形成与变化受遗传、自然环境、地理条件、气候、生活习惯及饮食等多重因素共同影响，因此，在身体形态训练中，除训练手段外，还应综合考虑其他因素。

2. 身体机能状况

身体机能状况是指身体各系统器官的功能状态，是身体活动能力的基石。特定机能水平直接关乎运动时所需能力的发挥。人体生理机能涵盖中枢神经系统、心血管系统、呼吸系统、消化系统、生殖系统、内分泌系统、物质与能量代谢、感觉器官及体温调节等。优异的身体机能是取得高水平运动成绩的前提，身体机能的多项指标既由遗传禀赋决定，也受环境因素影响，且具有一定的可变性。因此，提升身体机能需采用系统、科学的方法。身体机能的训练主要通过体能训练与专项训练来实现，科学合理的训练能有效促进学生身体机能的发展，而身体机能水平的提升又能进一步推动体能训练效果与专项成绩的提高。

3. 身体素质表现

身体素质表现是指人体在运动、劳动及日常生活中展现出的力量、速度、耐力、灵敏性及柔韧性等机能。这不仅体现了人体在运动中的机能，也包含了劳动与生活中的机能表现。在体育运动中，身体素质具体表现为肌肉收缩力的大小、动作完成速度的快慢、移动特定距离所需时间的长短、肌肉持续工作时间的长短、肌肉群间的协调配合及关节活动范围的大小等。这些机能在大脑皮质神经调节与相关组织器官的协同作用下，通过肌肉活动得以体现。因此，身体素质也可视为在大脑及神经中枢的调控下，肌肉活动所展现出的机能。

个体间身体素质的差异显著，且同一个人在不同年龄段及条件下也会发生显著变化，变化形式包括自然增长、自然衰退及训练提升。通过针对不同肌肉群进行多样化的练习，可以有效提升身体素质或在一定程度上延缓其自然衰退的速度。

（三）体能的基本特征

1. 遗传性奠定体能基础

对于学生而言，适宜的身体形态与机能是适应项目要求、取得卓越成绩的关键。这些特质在专项运动中往往体现为特定的身体素质，如体操学生的灵活与轻盈，与相扑学生的壮硕与力量截然不同，两者在各自非专项领域中难以取胜。身体形态与机能的塑造，深受遗传因素的影响，部分身体素质指标更是遗传所赋予。遗传为身体形态与机能的构建奠定了生理变化与组织结构的基础，而后天训练则是在此基础上，根据运动需求对体能指标进行优化与提升。然而，遗传所奠定的内部组合难以根本性改变（如成年人的身高），即便经过长期训练，也难以有显著变化。因此，体能的多项指标深受遗传影响，有些人即便未经训练，也能展现出一定的运动潜能，这便是运动天赋的体现，也是选拔体育人才的重要依据。

2. 后天训练提升体能水平

体能水平的提升主要依赖于后天长期、系统、科学的训练。缺乏这样的训练，体能水平难以实现突破性飞跃。体能的各项指标对运动负荷具有适应性，只有经过持续有效的训练，体能水平才能得到显著提升。然而，一旦停止训练，已增长的体能在缺乏负荷或负荷减小的情况下，会逐渐消退。

3. 体能内部因素的相互关联

人体作为一个有机整体，其体能各要素之间紧密相连，构成一个完整的系统。在运动实践中，力量、速度、耐力、柔韧与灵敏等身体素质并非孤立存在，而是相互影响、相互促进、相互制约。它们之间的这种关系，主要表现为综合性与转移性。即一种身体素质的提升，往往能带动其他身体素质的改善；而某种身体素质的下降，也可能影响其他身体素质的表现。这种内部因素的相互关联，使体能成为一个动态平衡、相互协调的整体。

二、体能训练

（一）体能训练的含义阐释

体能训练作为运动训练的核心组成部分，是提升学生竞技运动能力的关键途径。人们对体能训练理论及其基本概念的理解是伴随着历史进程而逐渐深化的。

体能训练涵盖了一般体能训练和专项体能训练两大方面。

一般体能训练旨在增强学生的体质健康，提升各器官系统的功能水平，全面促进运动素质的发展并优化身体形态。一般体能训练通过采用多样化的非专项体能练习手段，使学生掌握非专项的运动技术、技能和知识，为专项成绩的提高奠定坚实的基础。

专项体能训练侧重于采用直接针对专项素质的练习，以及与专项紧密相关的专门性体能练习。其目的在于最大限度地提升对专项成绩具有直接影响的专项运动素质，确保学生能够熟练掌握专项技术和战术，并在比赛中顺利、有效地运用，从而取得优异的成绩。

一般体能训练与专项体能训练之间存在着密切的联系。一般体能训练是专项体能训练的基础，它为专项运动素质的提高提供了必要的条件和支撑；而专项体能训练则是满足提高专项运动成绩的特殊需求，直接服务于创造优异的专项运动成绩。随着专项水平的不断提升，一般体能训练所提供的基础及专项体能训练的要求也需要相应地调整和优化，以适应专项提高后的新要求。在实践中，一般体能训练和专项体能训练的总目标是一致的，两者相互融合、难以截然分开。

（二）体能训练与身体训练的区别

1. 训练目标的差异

传统身体训练主要聚焦于提升特定的运动素质（如速度、力量、耐力及柔韧等），却忽视了学生整体机能的潜力挖掘与能力提升，以及拼搏向上的心理素质培养。相比之下，体能训练不仅关注单一运动素质的提升，更强调将运动素质训练融入学生整体运动能力的综合提升之中，重视对抗能力、适应大负荷与高强度训练的抗疲劳能力，以及顽强拼搏心理素质的培养。

2. 运动素质与体能的关系

运动素质是体能的具体表现，是体能在基本运动能力某一方向上的外在展示（如力量、速度等）。这些素质既是体能的构成要素，也是评估与检查体能水平的重要指标。体能作为运动素质的内在基础，决定了运动素质的水平，两者紧密相连。因此，体能训练与身体训练虽有关联，但体能训练在深度和广度上对身体训练进行了拓展与深化。

3. 训练理念与方法的差异

体能训练倡导将运动素质训练置于学生整体运动能力提高的战略高度进行审视与规划，视其为人体生物学机能发展与机能适应训练的关键组成部分。与之相对，身体训练往往局限于单一运动素质的提升。体能训练更注重从人体整体工作能力、机能潜力提升的角度探索并增强运动能力，涉及人体器官和机能系统在结构与机能能力上的适应性重塑，以及学生心理意志品质的再塑造。

（三）体能训练的总体规范

1. 体能训练计划需与专项紧密结合

制订与专项相契合的体能训练计划是体能训练的核心要求。体能训练必须紧密围绕专项需求展开，训练动作的设计与训练方法亦应与专项动作高度融合。体能训练计划的制订应遵循以下五个步骤：其一，进行需求剖析；其二，确立训练频次；其三，设定负荷强度；其四，规划训练量；其五，选定练习间的休息时间。通过对学生专项素质需求的深入剖析并依据运动素质训练的关键要素和变量，科学组合，形成一套完备的体能训练计划。

2. 体能训练需循序渐进地实施

学生的体能训练应遵循测试、评估、设定训练目标、制订训练计划、执行训练这一系统流程。然而在实践中，这一流程往往未能得到完整执行，多数仅停留在测试与执行训练两个阶段，缺乏对测试数据的深入评估及明确具体的训练目标设定，从而影响了体能训练效果的最大化。为确保体能训练达到最佳成效，必须严格遵循上述五个步骤。教师需基于充分的实证研究与测试，使训练目标、手段具有针对性，明确学生的能力短板与提升需求，根据个人现状量身定制训练计划，确保目标清晰，成效显著。

3.体能训练技术动作需规范严谨

体能训练强调质量至上，技术动作必须规范严谨，技术细节需准确到位，方能保障训练效果。否则，不仅体能训练水平难以提升，还可能引发运动损伤。以深蹲练习发展腿部力量为例，部分学生乃至教师对深蹲的技术细节了解不足（深蹲包含前深蹲、后深蹲两种，站距有宽、中、窄之分，起立时可分为借助反弹力起立与不借助反弹力起立，轻重量与大重量的呼吸要求各异，下蹲与起立时膝关节应与脚尖方向一致等）。若学生在下蹲与起立过程中未能保持挺胸直腰，而是弓腰驼背或夹大腿（夹臀或先抬臀部起立），此类错误动作不仅无法有效提升腿部力量，还极易导致腰部受伤（如椎间盘突出或劳损），此类情况在多项力量训练实践中均有发生。

4.全面考虑影响体能发展的多重因素

学生的体能发展水平受多重因素影响，不仅限于体能训练本身，还包括选材、竞赛、医务监督、营养补给、恢复措施、心理素质、技术水平、战术水平、智力发展水平及日常生活管理等诸多方面。因此，必须全面考虑并充分利用这些因素的综合效应，以最大限度地促进体能水平的提升。

（四）体能训练的原则

1.个性化原则

个性化训练原则要求教师在制订训练计划时，需深入细致地考虑每名学生独一无二的身体条件、潜在能力、学习方式和所进行的专项运动特性，为每名学生量身打造一套个性化的训练方案。训练的全过程需紧密围绕学生的个体特点来展开，旨在最大程度地挖掘并发展他们的运动潜能。

鉴于学生在身体形态、机能水平及适应能力等方面均存在显著差异，且同一名学生在不同生理状态下对运动负荷的适应程度也会有所变化，设计训练计划时，教师必须对学生的各个方面进行全面剖析，涵盖年龄阶段、训练背景、身体特质及负荷承受与恢复能力等诸多因素。在此基础上，精心制订出最贴合学生个体发展需求的训练计划，确保训练过程中的每一个环节都切实可行，助力学生实现最优化的发展。

2. 恢复性原则

恢复性原则是运动训练中的关键要素，它强调在长期训练过程中，学生必须获得适宜的恢复，以实现理想的训练效果。若训练后恢复不足，不仅影响训练成果，还可能阻碍训练计划的顺利执行。持续缺乏恢复易导致过度训练和疲劳累积，严重时甚至引发运动性伤病。因此，训练过程实质上是一个身体结构与机能不断经历破坏与重建的动态平衡过程，其中恢复环节对于维持这一平衡至关重要。

3. 系统性原则

系统性原则在运动训练中占据核心地位，它强调从学生初涉训练至创造佳绩，直至运动生涯终结的全过程，都应遵循体能发展的内在规律，进行科学合理的规划与持续不断的训练。这一原则不仅要求对整体训练过程进行系统性规划，还应对多年训练的不同发展阶段，从内容、比重、手段及负荷等维度做出系统性安排。训练和比赛工作构成一个复杂的系统工程，特别是在青少年时期及达到高水平成绩后，更需周密考虑。

4. 全面性原则

全面性原则是运动训练中的重要指导原则，旨在确保发展专项运动技能的同时，全面并充分发展学生的各项运动素质，特别是在儿童和青少年时期，更应注重全面发展，以提升身体机能水平，促进专项成绩的全面提高。

5. 结合专项原则

在体能训练的实践过程中，需强调与专项的紧密结合。这意味着在一般体能发展的基础上，体能训练应针对各运动项目特定的技术、战术及专项能力要求，精准发展专项所需的运动素质，旨在直接促进学生在专项领域取得优异成绩。这一原则的理论依据体现在多个方面：体能训练的首要目标是助力学生在专项比赛中创造卓越成绩，因此必须与专项技术及战术紧密融合；通过结合专项进行体能训练，能够使学生的身体形态与机能更好地适应项目需求，进而提升专项表现；此外，鉴于当前众多项目参与的学生趋于年轻化，体能训练更需紧密围绕专项实际，确保训练内容与项目需求高度契合。因此，科学规划体能与专项训练的比重显得尤为重要，需精准定位体能训练的重点内容与手段，紧密贴合专项需求，明确并充分发展对专项成绩影响最大的运动素质和机能，实现训练的针对性和实效性。

6.从实际出发原则

从实际出发原则强调在体能训练中的灵活性与针对性，即训练安排需根据训练对象的个人特质、比赛的具体要求及现有的训练条件等因素量身定制。该原则要求体能训练不仅要围绕提升专项成绩和技术水平这一核心目标，而且需充分考虑学生的主观意愿、身体条件及专项需求，科学合理地设定与调整体能练习的内容与负荷。同时，为确保学生的运动素质能够全面、均衡地发展，以适应不断提高的运动技术水平要求，还需注重各项运动素质之间的协调发展，避免偏颇，实现整体能力的稳步提升。

第二节　体能训练与人体健康

一、健康

传统健康概念通常将健康定义为机体处于正常运作状态且无疾病。然而，现代健康观念已超越这一范畴。世界卫生组织指出，健康是一个人在生理、心理和社会层面的完好状态，涵盖了躯体健康、心理健康、社会健康等多个方面。现代健康的含义更加多元和广泛，强调身心统一，其中，生理健康是心理健康的物质基础，心理健康是身体健康的精神支柱，二者相互影响，共同构成了全面的健康状态。同时，社会适应性作为健康的重要方面，也依赖于个体的生理和心理素质。

衡量现代健康有以下十项标准。

（1）精力充沛。能够轻松应对日常生活和工作的压力，不感到过分紧张。

（2）乐观积极。处事态度乐观，勇于承担责任，不挑剔细节。

（3）良好睡眠。善于休息，拥有高质量的睡眠。

（4）应变能力强。能快速适应环境的各种变化。

（5）抵抗力强。能有效抵抗一般性感冒和传染病。

（6）体态匀称。体重适中，身材比例协调，站立时姿势优雅。

（7）视力良好。眼睛明亮，反应迅速，眼睑健康无炎症。

（8）牙齿健康。牙齿清洁无蛀，无痛感，齿龈颜色正常且不出血。

（9）发质优良。头发有光泽，无头屑问题。

（10）肌肤弹性。肌肉和皮肤富有弹性，行走时步伐轻松有力。

通过对以上标准的认识，健康不仅是没有疾病或病痛，而且是一种身体上、精神上和社会上的良好状态。健康的人要有强壮的体魄和乐观向上的精神状态，并能与其所处的社会及自然环境保持协调的关系。

二、体能训练与人体健康的关系探讨

体能作为个体健康与活力的基础，主要通过持续的体育锻炼得以提升。拥有良好的体能，不仅能促进身体健康，增强精力，而且能提升生活质量，延长寿命，使生命更加充实而有意义。然而，每个人对体能的需求并非千篇一律，它受到年龄、性别、体型、职业及可能存在的生理缺陷（如糖尿病、哮喘等）等多种因素的影响。一般而言，个体对体能的需求与其活动目标紧密相连。例如，学生为了提升运动成绩，需要不遗余力地提升力量、耐力、柔韧性和速度等体能要素；对于普通人而言，通过适度的身体活动维持这些体能水平便足以促进健康。此外，同一个人，在不同时间、不同环境下，所需达到的体能水平也会有所差异。因此，保持良好的体能需要长期的、持续的锻炼，一旦中断，体能水平可能会下滑，进而影响健康与生活品质。

体能训练作为体育锻炼的核心组成部分，不仅帮助人们通过运动、游戏及竞争等方式提升身体适应性，以更好地应对日常生活挑战，同时为人们提供了愉悦、自主且富有建设性地利用闲暇时光的途径。然而，在休闲活动中，存在部分活动并非以身体健康为目标，例如过度沉浸于静态活动而忽视了维持身体健康所必需的身体活动，这种倾向可能导致一系列慢性疾病的出现，包括心血管疾病、糖尿病、肥胖、后背疼痛、骨质疏松，甚至某些类型的癌症，这些疾病在很大程度上与缺乏运动密切相关。

通过针对性的体能训练，可以有效增强个体的心肺功能、提升柔韧性、增强肌肉力量与耐力并优化身体成分，从而在很大程度上预防上述慢性疾病的发生。体能训练不仅能促进身体健康，还能提升生活质量，帮助人们更好地享受生活，实现身心和谐与平衡。因此，鼓励大众积极参与体能训练，将运动融入日常生活对于维护个人健康、预防疾病具有重要意义。

锻炼身体是提升体能水平的重要途径，但它并非唯一的途径。要想达到良好的体能状态，除了系统的锻炼外，科学的饮食习惯、良好的口腔卫生、充足的休息与适当放松同样至关重要。合理的饮食能够为身体提供必要的营养支持，帮助人们恢复和提高体能；良好的口腔卫生有助于整体健康；充分的休息与放松可以帮助学生恢复体力，缓解由过度训练带来的疲劳。所有这些因素相辅相成，共同推动体能水平的提升。

第三节　体能训练的价值和作用

一、体能训练是当代体育的基础

在体育训练中，体能训练无疑是所有项目的基础，它为学生的运动表现提供了有力的支撑。无论是高速的技术动作、激烈的身体对抗，还是持久的耐力、稳定的技术和战术发挥、对比赛节奏的掌控等，都离不开扎实的体能储备。

在当前的运动环境中，单纯依靠先进的技术和战术已不足以确保胜利。尤其是在激烈的比赛中，学生除了需要出色的战术理解，必须具备强大的体能支持。在高水平的对抗中，技术和战术的差异很小，在强强对战的情境下，决定胜负的因素是体能。谁能在比赛后期保持体力，谁就能掌握比赛的主动权。虽然各种生理指标（如最大摄氧量、血红蛋白含量、无氧阈值、血清睾酮、血浆皮质醇等）是衡量学生体能的参考依据，但它们并不能完全预测比赛中的实际表现，实战能力才是最终的决定性因素。

随着体育科学的不断发展，体能训练逐渐被越来越多的学者和从业者重视。体能训练的核心在于精准理解和分析运动项目的特征，其中不仅包括对项目规则和技术特点的把握，而且涉及力学、战术、节奏、能量消耗、体能需求、训练方式、心理状态及伤病预防等多个方面。这一过程不仅是一般体能的提升，而且是专项体能的提升。

二、体能训练的价值体现

在不同的运动项目中，体能对学生表现的影响程度有所不同，但这一点并不能削弱体能训练在整体训练体系中的基础作用。体能训练是现代运动训练的核心，它为其他训练内容奠定了坚实的基础。没有良好的体能基础，技术和战术训练难以达到预期效果；同样，缺乏持续且高效的体能训练，学生的整体水平也难以得到显著提升。体能训练的意义主要体现在以下几个方面、

（一）增进健康、改善形态与机能

健康是学生参与训练和比赛的前提。只有在健康的基础上，运动训练才能充分发挥作用。没有良好的身体状况，训练的成效将大打折扣。系统的体能训练能显著提升学生身体的各项机能。通过专门设计的训练，学生能够增强心血管系统、呼吸系统等内脏器官的功能，强化骨骼、肌肉和肌腱等运动器官的力量，从而提高应对高强度训练的能力。同时，体能训练有助于调节体脂肪水平、改善身体形态并增强新陈代谢功能，进而提高身体对环境变化的适应能力和增强抗病能力。这些改善为学生的健康提供保障，进一步为其良好的竞技表现奠定了坚实的基础。

（二）不断提高身体素质

现代体育水平的提升，推动了世界纪录的不断刷新。在这一过程中，学生的身体素质起到了关键作用。如果缺乏良好的体能，学生不可能在比赛中实现优异表现。体能训练正是帮助学生提高力量、速度、耐力、柔韧性、协调性等关键身体素质的有效手段。通过系统训练，学生能够开发出潜在的运动能力，提高综合水平，从而能够在比赛中应对不同的挑战并持续出色发挥。在持续提升身体素质的同时，学生的整体表现将逐步趋向最佳状态，从而在各类比赛中取得佳绩。

（三）确保机体适应大负荷训练和比赛的需要

当今体育领域竞争愈发激烈，学生需要通过大强度的训练并掌握精湛的专项技术和战术，才能在重大赛事中取得佳绩。现代运动训练经历了多个发展阶段，从最初的自然发展、技术创新应用，到高强度训练和多学科的综合运用（即科学训练）。科学训练的一个核心部分是结合现代科技成果，全面监测和分析训练过程，从而为大负荷训练提供科学依据。这类训练要求学生拥有强健的身体、良好的生理机能及较强的心理适应能力。通过科学化的体能训练，学生可以在不断提高训练负荷的同时，保持较高的竞技水平，顺利应对各类比赛的挑战。

（四）有利于掌握复杂、先进的技术和战术

体能训练的核心在于提升学生各个生理系统的协调性，使其具备进行专项运动的能力。不同运动项目对学生的身体适应能力有不同的要求。例如，短跑侧重爆发力、快速反应、快速运动的能力及灵活的柔韧性和协调性；举重要求学生具备极强的力量，专项动作的速度，以及优异的耐力、柔韧性和协调性；体操、武术、拳击、球类等要求学生具备综合的身体素质，许多复杂的动作需要高度的身体协调能力。只有在全面提升身体素质的基础上，学生才能精通技术动作和战术。体能训练不仅为学生提供了扎实的基础，使其能够掌握复杂、先进的技术和战术，也为其实际表现提供了保障。

（五）创造优异成绩，延长运动生涯

体能训练对于学生而言，是提升表现的核心因素，它通过改善身体形态、机能、运动素质等方面，为学生提供了提升的基础。学生的表现通常是由身体形态、机能水平、运动素质、技术、战术、心理素质和智力等多方面因素共同决定的。体能作为这些因素的物质基础，其重要性不言而喻。

实际的训练实践结果表明，学生的优异表现依赖于强大的运动素质和良好的身体形态，这需要体能训练对身体形态、机能及运动素质的深度影响。体能训练的效果越显著，身体的衰退速度越慢，保持较高水平的能力持续时间越长。因此，体能训练不仅能延缓运动水平的衰退，而且能帮助学生更长时间地保持较高的表现水平。

第二章 体能训练的全面构成要素

第一节 力量训练

一、概述

（一）力量概念与分类

1.概念

力量对人们的日常生活、工作、学习等具有不可或缺的作用。它是人体行动的基础，所有日常活动都依赖于肌肉力量的支持。无论是走路、吃饭、搬运物品，还是进行其他常见的动作，都离不开力量。只有具备足够的肌肉力量，才能完成起床、步行、开车、爬楼梯、开启容器、搬运物品等基本任务。肌肉力量是维持我们生活的根本，没有力量，甚至站立、坐姿、躺下、入睡等基本行为都难以实现，更遑论进行较为复杂或体力要求较高的活动了。

力量是实现高质量生活和工作的关键。对于任何需要较高运动强度的体育活动或娱乐项目，力量都起着至关重要的作用。肌肉力量是身体素质的基础，它直接影响耐力表现、运动速度、身体平衡及灵活性等方面。无论是长时间的耐力活动，还是快速运动和协调动作的完成，力量都在其中发挥着不可替代的作用。

2.分类

力量可以通过不同的标准进行分类，常见的分类方法有以下三种。

（1）按肌肉收缩形式分类。

①静力性力量（等长力量），指肌肉在收缩过程中，长度保持不变的力量。例如当人们用力推墙时，虽然肌肉在发力，但是墙体不移动，肌肉长度没有变化，表现为静力性力量。

②动力性力量（等张力量），指肌肉在收缩过程中，长度发生变化的力量。这种力量在实际运动（如举重、跑步等）中更为常见，肌肉通过缩短或拉长完成动作。

（2）按体重与力量的关系分类。

①绝对肌力，指个体在特定动作中产生的最大力量，不考虑体重的因素，是单纯的力量输出。例如，一名举重学生能举起的最大重量。

②相对肌力，指根据体重来衡量力量的大小，通常用最大力量与体重之比来表示。例如，一名体重较轻的学生，若能举起较重的重量，其相对肌力较高。相对肌力更能反映个体在不同体重下的力量表现。

（3）按力量表现形式分类。

①速度力量，指肌肉在快速运动中产生的力量，强调力量输出与动作速度的结合。例如，在短跑中，学生需要快速产生较大的力量。

②肌肉爆发力，指肌肉在短时间内产生的最大力量，通常与快速、突然的动作（如跳跃、投掷等）相关。

③力量耐力，指肌肉在长时间持续负荷下保持力量输出的能力，常见于耐力运动（如长时间的游泳、骑行等）中，需要持续输出力量的运动项目。

（二）力量素质提升的意义

在人体的身体素质中，力量是非常重要的素质。其重要意义表现在以下几个方面。

1. 力量素质是人体进行各种体育活动的最基本素质

力量是人类日常生活和各类运动中最为基础和重要的身体素质。人体的主动运动器官——肌肉，在进行各种运动时，通过不同的负荷强度、持续时间和收缩速度来调动骨骼和其他器官，从而完成运动。若没有肌肉的收缩和舒张，人体便无法产生足够的力量来牵引骨骼，进而无法完成任何形式的运动，包括最基本的直立和行走。力量是运动的基础，是支撑人体各类活动的核心要素。

在体育活动中，不同的运动需求对应着不同的力量素质。例如，跑步需要腿部具备强大的后蹬力，弹跳依赖于强劲的腿部爆发力，投掷、推拉等活动需要上肢的力量和爆发力。每一项运动，无论是基本的体力劳动还是专业的体育动作，都依赖于肌肉力量的发挥。例如，攀爬运动需要上肢、腰腹和腿部协调发力，提重物、搬运物品等体力活动需要全身力量的支持。

力量素质作为最基本的身体素质之一，奠定了人们在进行体力劳动与体育活动时的能量基础。一个人只有具备了强大的力量素质，才能高效、稳定地完成各类任务和挑战。因此，无论是在日常生活中，还是在专门的运动训练中，力量训练都是不可或缺的。

2. 力量素质促进其他身体素质的发展

人体的各种身体素质（如速度、耐力、灵敏性及柔韧性等）都离不开肌肉力量的基础作用。肌肉力量不仅是人类进行任何一项运动的核心动力源泉，而且对其他身体素质的提升具有直接影响。

（1）速度素质的提升直接依赖于力量素质的增长。

任何形式的快速动作，尤其是爆发性动作，首先要求肌肉具备足够的力量。例如，短跑运动员的成绩与其腿部力量密切相关。只有具备强大腿部肌肉力量的运动员，才能在短时间内完成快速收缩和爆发，从而实现快速的步伐和高效的速度。苏炳添等百米短跑选手的优异成绩正是建立在强大力量基础上的。

（2）耐力素质的提升同样依赖于力量的增强。

肌肉力量的增长使学生能够承受更长时间、更高强度的运动负荷。例如，身体强壮的人能够在长时间的体力活动中保持较好的表现，体力较弱的人容易感到疲劳并且无法长时间持续运动。因此，肌肉力量不仅决定了活动的持续时间，而且决定了活动过程中表现的稳定性。

（3）力量的提升对灵敏性和柔韧性等素质的促进作用也不可忽视。

随着肌肉力量和速度的提升，肌肉的弹性和反应速度增加。更强的力量使身体能够更灵活地应对不同的动作要求，促进灵敏素质的发展。同时，增强肌肉力量对身体的柔韧性起到了积极作用，促进关节的活动范围和运动能力，从而提高身体的协调性和柔韧度。

3. 力量素质与技术动作学习质量的关系

力量素质的提升直接影响技术动作学习质量和执行水平。力量越强，对技术动作的掌握越迅速，完成高难度动作的能力越强。例如，在体操项目中，若肩膀、手臂等力量不足，学生很难完成十字支撑的技术动作，或者在慢起手倒立时，无法稳定身体。每一项运动，尤其是需要高强度力量支持的项目，其技术动作都离不开足够的肌肉力量支撑。以篮球、足球等运动为例，急停、变向、闪躲及空中动作等都要求学生具备强大的爆发力和控制力，只有拥有足够的力量，才能在技术上实现高质量的表现。田径项目，尤其是投掷类运动，成绩的好坏与力量和爆发力密切相关，力量的提升是提高运动成绩的关键因素之一。

4. 力量素质与运动成绩的提高

运动成绩的提高不仅依赖于技术和战术，力量素质的增强也是不可忽视的重要因素。在长跑项目中，耐力是决定成绩的关键因素，而在其他运动项目中，力量素质对成绩的影响同样重要。在田径项目的投掷类运动中，学生的力量素质直接决定了他们的投掷距离和表现。无论是铅球、铁饼还是标枪，学生的爆发力和力量储备是决定成绩优劣的根本因素。因此，力量素质的提升，不仅增强了学生在比赛中的综合表现，也使他们在面对更高水平的对抗时，具备更强的竞争力。

5. 力量素质作为运动训练水平的重要衡量标准

评估学生是否具备参加高水平比赛的潜力时，力量素质是衡量学生训练水平的重要指标。尤其是通过力量素质的测评，教师可以评估学生的训练效果，判断其是否具备进一步突破的潜力。

二、力量素质的训练分析

（一）力量训练原则

1. 特异性原则

力量训练的特异性原则要求训练应针对不同运动项目的特点，优化肌肉的运动表现。其主要内容包括两方面：一是针对特定身体部位的训练，二是训练动作的专门性。例如，在排球运动中，扣球的动作通过助跑起跳和空中击球训练相关肌肉群，能够增强肌肉的协调性与适应能力。训练计划需要根据个体目标量身定制，包括增加肌肉力量、肌肉耐力或肌肉质量等，所有训练目标应根据学生的需求调整，以达到最佳效果。

2. 超负荷原则

超负荷原则强调训练的核心在于通过施加接近或超过肌肉最大承载能力的负荷来激发肌肉的适应性反应，从而实现超量恢复。此训练方式要求超出平时的训练负荷，以推动肌肉的进一步发展。渐进性超负荷原理强调为了增强肌肉的健康和力量，训练负荷必须不断增加，只有突破肌肉的常规承受范围，才能产生积极的生理反应。长期进行相同的训练强度并不会带来持续的进步。因此，训练负荷需要随着肌肉适应的过程逐步提高，以确保不断激发新的适应性，促进肌肉的进一步成长和力量提升。

3. 规律性原则

规律性原则强调持续而有计划的训练对体能提升的重要性。为了有效提升健康水平和体能，单次训练并不足以产生显著效果，必须保持一定的训练频率。训练的频率过低导致已取得的成果逐渐消失，因此，定期、系统地进行训练至关重要。实践结果表明，每周至少进行 2~3 次对主要肌肉群的锻炼，能够帮助身体更好地适应训练负荷。每次训练后，给予肌肉群充分的恢复时间（通常为 48 小时）能够促进肌肉的修复与再生，从而提高力量和耐力，避免过度训练带来的负面影响。

4. 运动顺序原则

运动顺序原则是指为最大限度地提高训练效率，建议在锻炼过程中交替进行上下半身的训练，减少过度集中在某一部位的负担，从而使不同的肌肉群能够得到充分的恢复。例如，可以在锻炼大肌肉群（如背阔肌）后，进行小肌肉群（如二头肌）的训练，不仅能避免小肌肉群的疲劳限制大肌肉群的发挥，而且能优化整体训练效果。

在运动的休息时间方面，调整间歇时间的长短同样重要。若训练目标是力量提升，较长的休息时间能够为肌肉提供更多的恢复时间，从而保证每组动作的最大力度输出。训练目标侧重耐力时，较短的休息时间有助于提高心肺适应能力和肌肉的持续作业能力。因此，合理安排运动顺序和休息时间，不仅能提高训练的安全性，而且能有效提升训练的整体效果。

5. 训练频率原则

训练频率原则强调抵抗训练的最佳频率取决于个人目标和训练周期。一般建议每周至少进行 2 次训练，以增强体质。有时更高的训练频率可以带来更显著的进步，举重学生通常每周进行 2~4 次训练，交替训练上身和下身。每个肌肉群的训练频率应保持在每周 2 次，以确保其充足的恢复时间，避免过度训练。训练频率需根据不同的训练阶段进行调整，在准备阶段可以提高训练频率，在比赛阶段适当减少训练频次，以保持体能水平并避免疲劳。

6. 持续时间原则

持续时间原则强调持续时间主要受到每组重复次数、套数及进行的训练次数的影响。在阻力训练中，训练时长不是最关键的因素，而是训练的强度、频率和恢复时间。虽然每次训练的时间长短可以有所不同，但是持续的高质量训练与合理的恢复周期更为关键，以确保肌肉得到有效的刺激和适应。因此，训练的效果不完全由时间决定，而是与训练负荷和个体适应能力密切相关。

（二）力量训练要素

1. 锻炼选择

力量训练中的锻炼选择直接影响训练效果的多样性和效率。常见的锻炼可以分为单关节运动和多关节运动。单关节运动主要集中在一个关节的活动上，例如手臂弯曲（肘部弯曲），主要锻炼特定肌肉群。这类运动通常用于隔离训练，能够精确目标肌群，技术要求较低，受伤风险较小。多关节运动（如深蹲、硬拉等）涉及两个或多个关节的运动，能够同时刺激多个肌肉群。这类运动能够增强大肌群的力量，涉及更多的肌肉和关节，产生更强的代谢反应和激素刺激，有助于全面提升力量和体能。大肌群运动对新陈代谢和肌肉合成的激励作用远大于小肌群运动，因此，在力量训练中更为常用且高效。

2. 锻炼顺序

锻炼顺序在阻力训练中的安排对训练效果和肌肉疲劳的产生至关重要。正确的锻炼顺序能够最大化训练效果，减少疲劳带来的负面影响。以下是锻炼顺序的推荐原则。

（1）先进行大肌肉运动，后进行小肌肉运动。大肌肉群的训练需要更多的能量和力量，因此应在训练开始时进行，以保证更好的表现和效果。

（2）先进行多关节运动，后进行单关节运动。多关节运动涉及多个肌群和关节，能产生更大的代谢刺激和激素反应，因此应优先进行，以确保在能量和力量最充沛时完成更高强度的训练。

（3）先进行低强度运动，后进行高强度运动。从较低强度的练习开始，可以有效热身，减少受伤风险，为后续高强度训练做好准备。

（4）上肢运动与下肢运动交替进行。这种安排有助于避免某一部位过度疲劳，给肌肉充分的恢复时间，同时提高整体训练效率。

（5）特定部位运动与全身运动配合进行。全身性运动能够激活多个肌群，特定部位的训练有助于针对性地增强某个区域的力量，合理搭配能提升训练效果。

（6）主动肌运动和对抗肌运动交替进行。例如，做完弯举（主动肌是二头肌）后，可做推举（对抗肌是三头肌），这种交替训练有助于恢复并减少疲劳感，保持较高的训练强度。

3. 负荷强度

负荷强度是指在阻力训练中所举起的重量或所克服的阻力，它直接影响肌肉的适应性和训练效果。负荷强度与多个训练变量（如运动顺序、肌肉动作、休息时间等）相关。更高的负荷强度通常意味着较少的重复次数，因为随着负荷的增加，能够完成的动作次数会减少。

训练时，负荷一般通过与学生最大重复次数（One-Repetition Maximum，1 RM）所对应的重量百分比来确定。例如，如果某个动作的负荷为 1 RM 的85%，意味着学生在该重量下可以完成特定次数的重复。负荷的变化不仅影响肌肉的力量发展，而且对激素分泌、神经适应和代谢反应产生重要影响。

针对不同的训练目标，采用特定的 RM 负荷可以优化训练效果。例如，在不超过 6 RM 的负荷下进行训练，通常达到最大化力量增强的效果。这意味着在较高负荷下，训练主要集中在提升力量，在稍低的负荷下，肌肉的肥大和耐力虽然能得到提升，但是这些效果相较于力量训练，不如使用较高负荷时显著。

4. 负荷量

负荷量是指运动训练所负荷的总量,通常,负荷量＝组数(组)×重复次数(次)×阻力大小(重量)。负荷量可以通过更改每天(每周期)训练的次数、每次练习执行的组数或每组执行的重复次数来改变。与训练强度一样,训练量的变化会影响神经、新陈代谢和激素对抵抗运动的反应和适应性。负荷量越大,机体的反应越强。

5. 休息时间间隔

两组练习之间的休息时间间隔对抵抗训练的效果和适应能力有显著影响。较短的休息时间间隔通常导致心率加快、疲劳感增加、乳酸和生长激素水平升高,并导致随后的训练表现变差。对于以力量和爆发力为主要目标的训练,较长的休息时间间隔能够帮助肌肉恢复,保证高强度训练的效果。较短的休息时间间隔适用于耐力训练,能够提高肌肉的耐力和适应性。

6. 运动频率及练习结构

运动频率是指在一定时间周期内进行的训练次数,通常以每周为单位。它受到运动量、强度、运动选择、训练水平、恢复能力、营养状况及训练目标等多重因素的影响。高强度的训练、高负荷的运动,特别是涉及大肌肉群或多关节运动的训练,可能需要更长的恢复期,以便在后续的训练中保持较好的表现。合理的运动频率与科学的练习结构相结合,有助于避免过度训练,提升训练效果。

7. 肌肉收缩动作

大多数抵抗运动都涉及两种肌肉收缩类型:向心收缩和离心收缩。向心收缩是指肌肉在收缩过程中变短,例如推举或拉伸动作中肌肉的收缩。离心收缩是指肌肉在承受负荷时变长,例如下放重量时肌肉延展。这两种肌肉收缩类型在训练中起到不同的作用,向心收缩有助于提升力量和肌肉尺寸,离心收缩有助于增强肌肉的控制力和耐力。两者的结合能够有效提高训练的全面性和效果。

8. 重复速度

在力学中,力等于质量乘以加速度,因此,重复动作的速度对力量输出有显著影响。当动作重复速度较慢时,产生的力量会大幅下降。虽然学生在阻力训练中会有意或无意地减慢运动速度，但是将较慢的动作与较大的负荷配合使用，可以增强对动作的控制力。然而，研究结果表明，在持续的训练过程中，使用过慢的速度（特别是与中速和快速运动相比）会导致训练强度显著下降。与缓慢动作相比，中速和快速动作不仅能够提高重复执行次数、增强功率输出，还能够增加训练体积，从而有效提升力量增长的速率。通过合理调整重复速度，能够在力学原理上优化训练效果。

（三）力量训练计划设计

1. 确定训练者的目标

训练者训练的重要目标如下。

（1）肌肉力量。

（2）肌肉肥大。

（3）肌肉耐力。

（4）爆发力。

（5）身体成分（比例）。

肌肉力量，是人体蕴含的澎湃能量。它支撑身体日常活动，赋予人们搬举重物的能力，更是运动竞技中的关键要素。从健身房的器械训练，到田径赛场的奋力一跃，肌肉力量处处彰显其强大价值。

肌肉肥大是阻力训练的常见适应反应，通常表现为肌肉横截面积的增大。通过离心收缩动作的加重，可以引发机械性损伤，进而促进肌肉肥大。然而，研究结果并未明确表明肌肉损伤是肌肉肥大的必要条件。肌肉肥大过程的核心机制在于蛋白质合成速率加快及蛋白质降解减缓，或两者同时发生。这些变化导致蛋白质积累，最终形成肌肉的增大和强化。

肌肉耐力，宛如身体的坚韧后盾。它并非爆发瞬间的蛮力，而是能让肌肉持续工作、对抗疲劳的持久能力。长跑时腿部肌肉的持续律动，俯卧撑中上肢肌肉的稳定支撑，都在诠释其意义。凭借出色的肌肉耐力，人们能在运动与生活中长久保持活力。

肌肉爆发力在运动中尤为重要，因为许多项目要求学生在短时间内产生大量力量。功率是单位时间内完成的工作量，增加功率意味着在相同时间内完成更多工作或在较短时间内完成同样的工作量。神经肌肉系统的贡献包括力量发展的速度、肌肉在不同收缩速度下的表现及运动的协调性。在进行吊拉或下蹲跳等训练时，最佳的功率训练负荷通常为 1 RM 的 30%~45%。为了优化功率输出，训练负荷需要周期性调整，使用轻负荷并提高运动速度能更有效地增强爆发力和功率输出。

体育运动的目标之一，是塑造理想的身体成分比例。它不仅关乎外在的身形美感，而且与内在健康紧密相连。合理降低体脂率，提升肌肉含量，能增强身体代谢、骨骼密度与免疫力。人们借助有氧、力量训练等运动，科学调控身体成分，迈向更健康、活力的生活。

2. 确定训练频率

在选择每周训练 3 天还是 4 天时，需要考虑训练目标、恢复能力和学生的时间安排。每周训练 4 天可以包含更多的练习和更细化的训练内容，要求更高的恢复能力。选择每周训练 3 天，每次训练的强度和覆盖面需要更加集中和高效，以确保训练效果。如何确定训练频率、选择哪些运动和方法，需根据个人目标和体能状况进行调整。

3. 计算训练负荷

在确定每次训练的负荷时，应结合特定性原则和超负荷原则，同时考虑主要的训练目标及运动类型。例如，多关节运动通常使用较高的负荷，单关节运动（如肱二头肌弯举、腿屈伸等）负荷较轻。热身阶段的负荷应当逐步递增，以减少受伤风险。正式训练负荷需要根据个人的最大重复次数或设定的训练目标来确定。

4. 确定重复次数

重复次数应根据训练目标来设定。目标是增加肌肉力量，通常选择较少的重复次数（如4~6次）并使用较高负荷；目标是增加肌肉耐力，选择更多的重复次数（如 12 次以上）并使用适中的负荷。具体的重复次数还要考虑上一项任务的训练负荷及疲劳程度，以保证训练效果。

5. 确定每个部位练习的组数

每个肌肉群的练习组数应根据个体的训练经验、目标和可用的训练时间调整。对于初学者，建议每个练习做 2~3 组；对于更有经验的训练者或需要更高训练量的学生，可以增加到 4~5 组。在安排组数时，也要考虑不同肌肉群的恢复需求，避免过度训练导致疲劳积累。

第二节　核心稳定平衡训练

核心稳定平衡训练的关键在于增强身体中部的肌肉群，特别是肩部以下、髋关节以上的区域。这种训练不仅能提升学生的肌肉力量和协调能力，还能提高各关节的运动控制能力。近年来，随着体能训练理念的发展，核心稳定平衡训练逐渐成为学生训练计划的重要组成部分。起初源自康复医学，这种训练方法最早用于治疗腰背问题，随后发展为一种广泛应用于竞技体育的训练方式。如今，无论是篮球、足球，还是体操、游泳，核心稳定平衡训练已被各大运动项目普遍采用，成为提高运动表现和减少受伤的有效手段。

一、概念与结构

核心区域非常重要。从解剖学角度看，核心区域包括骨盆带和肩带的轴向骨骼，以及所有相关的软组织（如关节、纤维软骨、韧带、肌腱、肌肉和筋膜）。核心区域的作用不仅体现在产生运动时的同心收缩，而且表现在抵抗运动中的偏心和等距作用。这种结构不仅支持身体的稳定性，而且为有效地运动提供了基础。

核心区域的解剖学定义确实较为复杂，涉及多个结构和组织的互动。它不仅是躯干的一个稳定支撑点，而且是身体运动和力量传递的关键所在。通过这种方式，核心区域不仅参与力的输出，而且在协调和稳定过程中扮演着不可或缺的角色，帮助身体维持平衡和应对外部的压力与挑战。躯干构成部位如下。

（1）脊柱：形成了躯干中间的支柱。

（2）腰椎—骨盆—髋关节：构成了躯干的底座。

（3）肌肉：形成从周围多个方向牵拉躯干的绳索。

（4）结缔组织：位于"绳索"之间的"盖布"，与许多核心肌肉相连。

核心稳定性是指核心肌群与其他系统协同工作的能力，目的是确保身体姿势和重心的稳定。核心肌群的稳定性依赖于神经肌肉系统、骨骼韧带系统和呼吸调节系统的协调作用。这种稳定性确保力量可以有效地从核心区域传递并控制身体的各项运动，从而提高整体运动表现。核心稳定性不仅涉及腰椎、骨盆和髋关节的控制，而且影响到运动中的平衡与协调。

核心力量是通过肌肉的收缩和增加腹压来稳定人体核心区，控制重心运动并有效地传递上下肢的力量。它被认为是人体运动中的"发力源"，其功能本质上与核心稳定性密切相关。核心力量训练的目的是通过增强核心稳定性来提升整体运动表现。随着训练的深入，核心稳定性在体能训练中的应用愈加广泛，尤其在提升学生整体力量传递和控制方面起到至关重要的作用。

二、功能与意义

（一）提升核心力量与稳定性

核心稳定平衡训练的首要目标是增强核心肌群的力量与稳定性。核心区域的稳定性对于身体的整体控制至关重要，它直接影响学生在高强度运动中的表现与安全性。通过增强核心肌肉群（如腹部、背部、髋部、骨盆等区域）的力量和稳定性，训练者能够更好地保持正确的体态，在运动过程中有效控制身体重心，减少运动损伤的发生。

（二）改善姿势与运动控制

核心稳定平衡训练有助于保持身体的正确姿态。有效的核心控制使上肢与下肢的力量传递变得更加顺畅，整个身体的运动协调性大大增强。无论是在静态还是在动态动作中，核心稳定性都能确保姿势的准确性，并通过调整和稳定体位来提高运动质量。例如，在跑步、跳跃、投掷等运动中，良好的核心稳定性帮助学生保持最佳的姿势，提升运动表现。

（三）增强运动中的能量传递效率

核心区域不仅是支撑身体的"桥梁"，而且是上下肢力量传递的关键点。所有运动动作，特别是涉及全身的力量运动动作（如举重、篮球投篮、足球踢球等），都需要通过核心的有效发力和稳定性来实现上肢和下肢力量的协同作用。核心力量强大的学生可以通过这一力量链条更高效地传递身体能量，增强运动效果。

（四）提高身体平衡性与协调性

核心稳定平衡训练通过特定的平衡训练动作，提高学生的身体控制力。核心肌群的稳定性直接影响身体的平衡能力，尤其在快速移动或复杂姿势的过程中，良好的核心稳定性可以使身体在各种动态条件下保持平衡，避免摔倒或失去控制，特别是在如滑雪、舞蹈、体操等高要求平衡控制的运动项目中尤为重要。

（五）预防和降低运动损伤风险

核心稳定平衡训练的重要意义是预防运动损伤。强健的核心肌群能够为脊柱、骨盆及四肢提供更好的支撑与保护，避免由姿势不当或力量传递不均造成的关节损伤或肌肉拉伤等问题。尤其是在剧烈运动中，核心的稳定性有助于分散并吸收运动过程中产生的冲击力，从而减少运动损伤的发生。

（六）提高运动效能与表现

核心稳定平衡训练能够通过提升学生的力量输出、运动表现与灵活性，使学生在比赛中的表现更为出色。无论是短跑的加速、长跑的持久力，还是复杂技能动作中的精准度，核心稳定性都起到决定性作用。稳定的核心区域为学生提供了更好的控制力，使其能够在较短时间内产生更强的运动效能。

（七）促进整体健康与体能提升

核心稳定平衡训练不局限于学生，它对普通人群也具有重要的健康意义。增强核心力量不仅能够提升身体的活动能力，而且能够改善身体的姿势，减轻脊柱和关节的压力，降低长时间不良姿势引发的腰背痛等问题。这类训练在健身、老年人体能维持和康复领域具有重要作用。

三、核心稳定平衡训练——核心稳定性发挥的机制

核心稳定性运行的"三亚系模型"理论提供了一种脊柱稳定性维持的多层次视角。在这一理论中，脊柱的稳定性由三大子系统共同协作完成：主动亚系统、被动亚系统和神经控制亚系统。

（一）主动亚系统

主动亚系统由核心区域的肌肉、肌腱等组织构成，通过神经系统调节和协调，主要作用是通过深层稳定肌肉与浅层运动肌肉的配合维持脊柱的稳定性。

主动亚系统的稳定性依赖于肌肉的力量和反应能力，确保脊柱在运动中不易受伤。

（二）被动亚系统

被动亚系统主要包括椎间关节、椎间盘、脊柱韧带、关节囊等结构，它们为脊柱的稳定提供结构性支持。通过本体感觉，能够反馈脊柱各部分的位置变化，向神经系统提供有关脊柱姿势调整的信息。

（三）神经控制亚系统

神经控制亚系统接收来自主动亚系统和被动亚系统的反馈信息，基于脊柱稳定性的需求，主动调控脊柱周围的肌肉和韧带等组织，确保脊柱的动态稳定性。该系统的灵活性和协调性对于脊柱的持续稳定性至关重要。

要维持腰椎的稳定性并有效预防腰背痛，必须依赖这三个子系统的协调运行。每个系统的失调都会影响整体脊柱稳定性，导致运动损伤或长期的慢性疼痛。因此，进行核心稳定性训练时，需要同时强化这三个亚系统，以达到最佳的脊柱保护效果。

四、核心稳定平衡训练原则

核心稳定平衡训练的效果不仅取决于训练内容本身，还与训练方法和训练原则密切相关。为了最大限度地提高核心肌群的稳定性与力量，以下几个核心稳定平衡训练的原则需特别注意。

（一）渐进性负荷原则

在核心稳定平衡训练中，随着训练水平的提升，训练强度和难度应逐步增加。初期阶段可以从基础的稳定性训练开始（例如平板支撑等），随着身体的适应性增强，可以逐渐增加训练的复杂度（如动态平衡训练、旋转稳定性训练等）。这一渐进性负荷的应用可以帮助身体逐步适应并有效避免运动损伤。

（二）全面性训练原则

核心稳定平衡训练不仅是针对腹部或背部肌群的单一训练，而且应综合考虑整个核心区域的肌肉群。横腹肌、腹直肌、背阔肌、多裂肌、臀大肌及髋部肌肉等都应得到有效训练。此外，核心肌群的训练要考虑前后、左右的平衡，以及上下肢的协调性训练，确保核心区域的全面稳定性。

（三）动态稳定性训练原则

核心稳定平衡训练不仅要求静态姿势的保持，而且要求在动态运动中能够有效维持姿势的稳定。在运动过程中，核心区域必须实时调整和适应身体的各种变化，尤其是在做高强度、快速变换动作时，核心肌群的稳定性和协调性显得尤为重要。因此，训练中应加入多种动态平衡训练，增强核心肌群在运动中的实时反应能力。

（四）功能性训练原则

核心稳定平衡训练应结合学生的实际需求进行个性化设计。根据学生的运动类型（如跑步、游泳、篮球等）和运动习惯，选择符合实际情况的训练方式。例如，学生在打篮球时更注重核心力量和爆发力的结合，学生在跑步时需要提升稳定性和耐力。因此，训练内容要与学生的运动技能和需求高度契合，力求实现功能性训练。

（五）控制力与灵活性结合原则

核心稳定平衡训练不仅要增强肌肉的力量，还应提升其灵活性和适应性。训练中，学生应在力量和灵活性之间找到平衡，既能保持良好的稳定姿态，又能保证在快速变化的运动状态下迅速调整身体。通过控制和伸展训练相结合，能够有效提升核心肌群的综合能力，确保学生在各种复杂动作中依然能够保持良好的核心稳定性。

（六）多样性与挑战性原则

核心稳定平衡训练应当包括多种形式的训练方法（例如自由体重训练、平衡球训练、稳定球训练、弹力带训练等）和器械，确保训练的多样性。此外，为了不断提升核心肌群的适应能力，应逐渐增加训练的挑战性，设置不同的训练角度、速度和不平衡条件，使学生在多变的环境中不断提高自身的稳定性和应对能力。

（七）恢复与休息原则

核心稳定平衡训练虽然强调高强度和高频率，但同样需要注意恢复和休息。在训练中，由于核心肌群参与了大量的协调性和稳定性工作，适当的休息对于防止过度疲劳和肌肉损伤至关重要。训练后适当进行放松和恢复训练，有助于保持核心区域的灵活性和稳定性，避免过度训练导致功能性退化。

通过这些训练原则的贯彻实施，可以有效提升核心肌群的力量、稳定性与协调性，从而为学生提供强大的运动支持，提高运动表现并减少运动损伤的风险。

第三节　速度与耐力训练

一、速度训练

速度可分为反应速度、动作速度和移动速度。速度的练习应结合练习者所从事的专项运动进行。本部分内容主要从提高反应速度、动作速度两方面来介绍速度训练的方法。

（一）提高反应速度的方法

1. 信号法

信号法是指对各种突然发出信号（声音、光、手势等）及时准确地做出反应，完成各种动作，提高练习者的反应能力，适合初学者和短跑项目的练习。

（1）听口令。

通过听口令进行不同动作的反应和执行，可以显著提高练习者的反应速度、灵敏度及运动协调性。这种训练方式不仅增强了训练的趣味性，而且有效促进了核心肌群的动态稳定性。

①听口令做相反动作。此类训练可以提高练习者的反应速度和逆向思维能力。听到教师的指令后做出相反的动作（如教师喊"立正"时立刻做"稍息"动作，喊"向左转"时立刻做"向右转"动作），可以有效锻炼大脑的快速反应能力、协调性及决策反应能力。这类训练对核心肌群的激活也有促进作用，特别是腹部和背部肌肉在快速变换动作时的稳定性发挥尤为关键。

②听口令加速跑。这种训练可以提高练习者的爆发力、速度以及反应速度。训练包括：

其一，在慢跑中听到加速口令后，迅速冲刺 10~30 米；其二，从俯卧撑姿势开始，听到口令后迅速收腿起跑 10~30 米；其三，原地或行进中的小步跑或高抬腿跑，在给信号后快速加速跑；其四，背对前进方向站立，听到信号后迅速转体 180 度，进行加速跑 20 米；其五，练习起跑时，听到枪声或起跑口令（蹲踞式或站立式），立即开始起跑。

这些训练通过提升学生的起跑反应速度、加速能力及在瞬间改变速度的能力，加强了下肢和核心的力量协同作业。

③模仿练习（滑步、交叉步等）。根据听到的不同信号，练习者执行滑步、上步、交叉步等各种移动方式。训练包括模仿动作（如快速做滑步、转身、急停或接球等），这些动作能提高全身肌肉群的协调性和反应速度，同时通过核心肌群的参与保持平衡与稳定。

④倒退跑及急停训练。此类训练通过倒退跑增强学生的后向稳定性，听到口令后快速转体 180 度或急停并向前进行加速跑。通过倒退跑，学生不仅能提高后背肌群的力量，而且能锻炼核心区域的反向稳定性和快速切换动作的能力。这种训练方式对于加强核心稳定性，防止运动中快速转向时发生意外伤害具有重要意义。

（2）看信号训练。

通过视觉信号的反应训练，可以增强学生的快速决策能力、注意力、视觉追踪能力及身体与大脑的协调性。此类训练不仅提升反应速度，而且能改善核心区域的稳定性和爆发力（特别是快速变向和急停时的核心控制能力）。

①看手势做跑步训练。此训练旨在提高学生的反应速度和运动敏捷性。学生需要根据教师的手势迅速做出反应，例如看到手势后立刻进行 10~30 米的正面跑或转身跑。每组进行 4 次，训练时进行 4~6 组，组间休息 3~5 分钟。预备姿势可以多样化（包括站立式、坐姿、跑姿或卧姿等），这样可以增加训练的多样性和挑战性。

②行进中加速跑。在行进间（如小步跑、高抬腿跑或慢跑）看到信号后，迅速加速跑 10~30 米。这种训练能够强化学生的瞬间加速能力和爆发力，尤其在不断变化的节奏中，能有效提高学生对突发情况的反应能力。

③转体加速跑。两名同伴在跑道的两端相向慢跑或慢走，看到教师的手势后，迅速转体 180 度并加速跑回起点。这项训练有助于锻炼学生的转体反应速度、加速能力及核心稳定性。根据学生的水平，组数及每组的次数可进行适当调整，组间休息 5~8 分钟。

④各种方式的看手势起跑及冲刺。此训练包括在不同的距离和方式下进行起跑和冲刺比赛。例如：其一，绕过后面的队员进行冲刺跑；其二，绕过前面的队员进行冲刺跑；其三，绕过前面的队员后，再踏起跑线做转身冲刺跑；其四，前后队员相互交替进行冲刺跑，这些变换形式的训练能够有效提升学生在比赛中的应变能力、反应速度和核心稳定性。

⑤利用电子反应器训练。电子反应器可以帮助学生通过视觉信号进行快速反应，按下按钮记录反应时间。根据不同的信号灯，学生用手或脚压按钮，完成练习。这项训练能进一步提高学生的反应速度、准确性及肌肉协调性，适合用于更精确的反应训练，每组练习进行 4~6 次，重复 4~6 组，组间休息 3~5 分钟。

2. 游戏法

游戏法是通过富有趣味性和竞争性的方式来增强学生的反应速度、动作灵活性及身体协调性。这种方法能够有效调动学生的兴趣，使训练更加生动有趣，同时能提高学生的核心稳定性和机动性，尤其是在动态环境下的应变能力。

（1）两人迎面拍击。

这种游戏通过提高学生的动作反应速度和上肢灵活性，增强其对突发情况的应对能力。两人面对面站立，听到开始口令后，快速尝试拍击对方的背部，同时避免被对方击中。在规定的时间（如 3 分钟）内，拍击对方次数较多者为胜。此练习要求学生保持快速反应和机敏的动作，培养学生的灵活性和反应速度。

（2）反应起跳。

学生围成一个圈，一名学生站在圆心，手持竹竿。持竿学生围绕圆心挥动竹竿，竹竿经过谁的脚下，谁必须立即起跳，避免竹竿打到脚。被打到的学生需要替换掉持竿学生，继续进行游戏。通过改变竹竿画圈的方向和速度，增加训练的难度。该练习能够锻炼学生的瞬间反应速度，特别是在急速起跳的情境下，提高对外界信号的敏感度。

（3）老鹰捉小鸡。

在游戏中，一人扮演"母鸡"，张开双臂保护身后的小鸡群，而"老鹰"试图用手摸到最后一只"小鸡"。被摸到的"小鸡"替换成新的"老鹰"，而"老鹰"变为新的"母鸡"。此游戏不仅能够锻炼下肢快速变换方向的能力，而且能够提高学生在不断变化的环境中保持核心稳定的能力。

（4）追逐游戏。

在游戏中，一名学生作为追逐者，其目标是追赶并触碰目标对象。目标对象则需要通过快速奔跑、变换方向和躲避来逃避追逐者。此游戏有助于提高学生在快速运动过程中对环境变化的应对能力，同时培养快速启动和反应的能力。

（5）贴人游戏。

在此游戏中，多名学生围成圆圈，两人一组前后面向圆心站立，彼此之间保持1~2米的间隔。游戏开始时，两名练习者在圈外沿圆圈跑动，追逐对方。当被追者跑至某组的前面或后面并成功贴上另一人的脚时，原追者变为被追者，而新的追逐者开始追逐第三名参与者。被追者若被追上则被判定为失败，并互换角色。这个游戏不仅考验反应速度，而且能有效锻炼灵活的转向和快速起步的能力。

（6）抢球游戏。

学生围成一个圆圈，场中放置一个实心球，球的数量比参与者少一个。游戏开始时，学生绕圈外慢跑，听到信号后迅速抢球，未能抢到球的学生淘汰出局，球的数量也会减少。游戏不断进行，每轮成功抢到球的学生得分，最终得分最多的学生为胜者。抱球游戏要求学生反应快速、身体灵活，培养了学生的竞争意识和团队合作意识。

（7）抱树成团。

学生绕圈（如篮球场）跑动，听到口令后，根据指示几个人组成一组，迅速聚集在一起。未能正确组队的学生为失败者，通常需要接受适当的惩罚（如做俯卧撑等）。这个游戏帮助学生在快速跑动中提高对集体活动的适应能力，锻炼协调性和团体协作能力。

（8）压臂固定瑞士球。

在训练中，学生坐在长凳上，躯干保持正直，一侧臂水平外展并用手压住瑞士球。同伴随机从侧面施加力量（60%~75%的强度），学生需要用手臂和肩膀控制瑞士球的位置，防止球被推移。这个练习有助于提高上肢肌肉的力量、稳定性和反应速度，特别是在动态负荷条件下保持稳定的能力。

3. 运动感觉反应法

运动感觉反应法是一种通过提升时间感知能力来增强反应速度的心理训练方法，适用于中长跑、游泳等项目。该方法一般包括以下三个阶段。

（1）快速反应与反馈。

在第一个阶段，学生以最快速度对信号作出准确反应，每次练习后，学生会从教师处得到评价和反馈，通过反复练习形成时间记忆。通过不断调整反应速度，学生能在相同时间内更迅速地做出动作，逐渐提升对信号的反应效率。

（2）自我判断与对比。

在第二个阶段，学生需要自我判断反应时间，并将其与教师实际测量的时间进行对比。这种反向比较能够帮助学生感知自身反应时间的微小差异，逐步提高对时间的感知和判断准确性。这种练习有助于细化反应的速度，减少不必要的时间浪费。

（3）动作精确控制。

在第三个阶段，学生需要按照事先规定的时间去完成动作，即将注意力从外界的信号刺激转移到自身动作的执行上。此阶段的目标是通过集中注意力，减少肌肉收缩的潜伏期，精确控制每一个动作的时间，以达到最优的反应速度。这不仅提升了学生的反应速度，而且有助于提高运动表现的稳定性和一致性。

（二）提高动作速度的方法

1. 上肢和躯干练习

上肢和躯干的训练在提高学生的动作速度中起到了至关重要的作用。通过专门的训练，可以增强上肢和躯干的力量、灵活性、协调性和爆发力，从而提升整体运动表现（尤其是在需要快速转移力量的动作中）。以下是几个关键的训练方法。

（1）上肢爆发力训练。

上肢爆发力对加速、跳跃和投掷等动作至关重要。通过使用杠铃、哑铃、壶铃等器械进行力量训练，可以显著提高肩膀、肘部、前臂等部位的爆发力。特别是以推举、卧推、俯卧撑等动作为主的训练，可以加强上肢肌群的耐力和力量，使学生在动作执行过程中更能快速发力。

（2）躯干核心训练。

躯干是力量传递的关键桥梁，核心力量直接影响下肢和上肢的动作协调与爆发力输出。因此，针对躯干的稳定性和力量训练（特别是通过卷腹、俄罗斯转体、平板支撑、动感球训练等动作），可以提升核心肌群的协调性与爆发力，从而提高整体动作速度。在进行这些训练时，注重控制肌肉的收缩与释放，保持核心的稳定，使力量更高效地传递至四肢。

（3）协调与柔韧性训练。

上肢和躯干的速度不仅取决于肌肉的力量，而且与协调性和柔韧性密切相关。通过练习动态拉伸、柔韧性训练和协调性训练（如定点投球、反向推举等），能够提高上肢和躯干的灵活性，使学生在运动中更快速地调整姿势、反应动作。这类训练通过增加关节的活动范围，使学生能够在最大可动范围内进行更加迅速的动作。

（4）上肢动作速度训练。

在训练中加快上肢动作（尤其是快速拍击、击球、投掷等动作）的速度，可以通过重复练习和增加训练的频率来实现。做速度训练时，可以选择较轻的器械，集中练习，快速完成动作，同时保持动作的准确性与稳定性。

（5）躯干爆发力训练。

躯干的爆发力训练（类似于上肢爆发力训练）至关重要。学生通过做深蹲、硬拉等复合训练动作，不仅能增强下肢力量，而且能间接提高躯干肌肉的力量输出，从而有效提升整体动作的速度。

2. 髋部和下肢练习

髋部和下肢的训练是提高动作速度的核心部分。下肢不仅是提供爆发力和支持身体重心的关键区域，髋部的灵活性与力量也在步态、跑动和跳跃等动作的效率上扮演重要角色。通过髋部和下肢的专项训练，可以显著提升下肢的反应速度、力量传递效率及学生在运动中的动作灵活性。

（1）深蹲和单腿蹲。

深蹲是最基础也是最有效的下肢训练动作之一，深蹲训练能够提高大腿肌群、臀部和髋部的力量，增强下肢的稳定性和爆发力。单腿蹲能更好地激活髋部和膝关节的控制能力，有助于改进对运动过程中的不对称力的适应，进而提升动态运动中的平衡性与速度。

（2）跨步和箭步蹲。

跨步和箭步蹲训练有助于提高髋部的稳定性和灵活性，增强髋关节在动作中的转动与伸展能力。尤其在提高步伐的迅速性和流畅性时，跨步蹲能够有效地训练髋部和大腿后侧的肌群，增强快速前进和改变方向时的爆发力。

（3）跳跃和爆发力训练。

跳跃训练是提高下肢爆发力的另一种重要方式。垂直跳、深蹲跳和箱跳等训练能够帮助学生增强下肢肌肉的爆发力，提升学生在启动阶段和瞬间速度上的表现。跳跃训练通过加强快速收缩和伸展的动作，提升了肌肉的快速发力能力和肌肉协调性，从而显著提高动作速度。

（4）高抬腿跑和臀部推举。

高抬腿跑训练通过快速的下肢摆动和髋部伸展来训练学生的腿部灵活性和步伐速度，从而提高快速跑步中的步频和步幅。臀部推举训练专注于髋部的爆发力，有助于改善下肢推动力的传递，使学生能够更有效地加速和改变方向。

（5）短距离冲刺训练。

短距离冲刺（如20米冲刺或30米冲刺）训练是提升下肢爆发力和速度反应的极佳方式。冲刺训练能够增强肌肉的耐力与速度能力，尤其是在短时间内需要迅速启动的情况下，可以大幅度提升起跑速度及动作的爆发力。高强度的冲刺训练还能有效地增强髋部、腿部和核心肌群的协调与协作，使学生在快速加速时能够更为高效地运用力量。

（6）灵活性训练。

下肢灵活性训练对提升动作速度也具有重要影响。髋部屈伸、髋关节外展和内收的灵活性训练，能提高髋部在快速移动中的转动范围，增强对不同方向变换动作的适应能力。例如，做腿部和髋部的拉伸、瑜伽及动态热身动作，可以有效提高下肢肌群的活动度，减少由肌肉僵硬造成的动作迟缓次数。

3. 全身配合练习

提高动作速度不依赖于单一部位的训练，全身各部分肌肉和关节的协调配合是决定动作速度的关键。全身的协调性、流畅性和力量传递效率都对加速动作的完成至关重要。通过全身配合的练习，能够增强运动中的动力链协同作用，提高整体的动作反应速度和动作执行效率。

（1）连贯的跳跃训练。

通过连贯的跳跃练习（如跳箱、纵向跳和横向跳等），可以强化全身肌群的协调性和爆发力。跳跃动作需要下肢提供爆发力，同时需要核心区域和上肢进行同步配合，确保运动的连贯性与高效性。通过高频次的反复跳跃训练，不仅能提升速度，而且能增强全身的稳定性和协调性。

（2）快速换位练习。

换位练习（如跳步或变向跑）能有效锻炼全身各部位的协调性。在快速变向训练时，学生必须协调下肢的快速起动和上肢的稳定性，确保每次变换动作都能快速、顺畅地过渡。这种训练能模拟许多实际比赛中的快速反应要求，提升学生的动作速度与反应能力。

（3）动力链训练。

在动态运动过程中，人体的各个部位是通过动力链相互连接的，提升动作速度时必须提高动力链的传导效率。例如，通过跑步推进力训练、绳索训练和体重训练等，能够增强从脚部到上肢的动力传递速度，提升全身肌肉的协同工作能力。使用较轻的负重配合动态动作进行训练，有助于加强全身的协调性，减少动作中的能量损失，提升运动表现。

（4）反向拉伸运动。

反向拉伸运动（如倒推跑、后撤步或倒蹬训练）能帮助学生提高核心的稳定性，同时激活下肢和上肢的协调作用。训练时，学生通过快速改变运动方向和姿势，增强全身肌群对快速变化的适应能力，这种训练形式对提高爆发力和动作速度具有极大的帮助。

（5）综合体能训练。

包括上肢、下肢和核心区域的联合训练（如利用药球进行的旋转、投掷与接球等训练），能够同时提高上肢的爆发力、核心区域的稳定性以及下肢的推力。学生在执行这些训练时，整个身体都在参与，强化了肌肉间的协同工作，提高了全身的反应速度和运动流畅性。

二、耐力训练

（一）力量耐力训练方法

力量耐力训练是指通过重复较低强度的练习，增强肌肉持续工作的能力。这种训练方法主要提高肌肉在长时间内承受较小到中等强度负荷的能力，使学生能够长时间维持一定的运动强度，避免过早出现疲劳。在需要保持高强度活动的项目（如足球、篮球、游泳、长跑等）中，力量耐力是非常重要的能力之一。

力量耐力训练的关键在于控制训练强度和运动时间的平衡，通常会以较低的负荷和较多的重复次数来进行训练。下面介绍几种常见的力量耐力训练方法。

1. 高重复低负荷训练法

高重复低负荷训练法主要以相对较轻的负荷和高重复次数的训练为特点。通常会选择 60%~70% 的最大重复次数作为训练负荷，并进行较长时间的重复练习。通过反复多次的练习，增强肌肉对较轻负荷的耐受性和持续工作的能力。

训练方法：选择适中的重量（通常为 1 RM 的 60%~70%），每组进行15~20 次的重复动作，完成 2~4 组。每组间休息 30~90 秒。此训练方法适用于大部分大肌群（如腿部、胸部和背部）的力量耐力提升。

适用运动：跑步、游泳、自行车、篮球等耐力型项目。

2. 超级组训练法

超级组训练法是将两个不同的练习组合成一个训练单元并快速完成。这种方法适用于增强肌肉的耐力和协调性。超级组可以采用两种不同的肌肉群组合（如上肢与下肢交替训练）或相同肌肉群的不同动作组合。

训练方法：选择两个互补动作（如深蹲和俯卧撑）并快速交替进行，完成一定次数后进行短暂休息。每次进行 3~4 个超级组，每个动作的重复次数在10~15 次。

适用运动：长时间持续活动的项目（如篮球、排球等）。

3. 等时性训练法

等时性训练法通过在一个固定的时间内进行多次重复练习，侧重增强肌肉在特定时间段内的耐力。在训练过程中，保持某一肌肉群在一定角度的持续收缩，以增强肌肉的耐受性。

训练方法：选择一个目标动作（如深蹲、俯卧撑或平板支撑），保持一定的姿势或角度，直到感觉到无法继续完成动作。练习时间一般为 60 秒以上。可以每次训练时逐渐增加保持的时间或减少休息时间。

适用运动：需要长期持续稳定输出力量的运动（如长跑、游泳、登山等）。

4. 间歇性训练法

间歇性训练法是通过高强度的练习和休息期交替进行，提升肌肉耐力并帮助学生适应高强度训练后的恢复能力。间歇性训练能够有效提高学生在持续高强度运动中的耐力。

训练方法：进行 0.5 秒 ~1 分钟的高强度训练（如快速冲刺或深蹲跳），然后进行同等或较长时间的低强度恢复（如慢跑或走动），循环进行 10~15 次。这个方法可以逐渐增加训练时间和减少恢复时间，以提高力量耐力。

适用运动：足球、篮球、短跑等高强度间歇性运动。

5. 持续训练法

持续训练法是一种较为简单的力量耐力训练方法，它强调在一定的时间内保持较低强度的运动，以增强肌肉的持续训练能力。通过长期进行持续的低强度训练，肌肉的耐力将逐渐得到提高。

训练方法：选择一个较轻的负荷，持续进行 0.5~1 小时的有氧运动（如跑步、骑车等），保持心率在一定范围内，重点是提高长时间持续工作的能力。

适用运动：马拉松、长时间骑行等耐力运动。

6. 负荷递增训练法

负荷递增训练法是将负荷逐渐增加的训练方法，通过逐步加大负荷提升肌肉的耐力和适应能力。负荷的增加可以是重量的增加，也可以是训练时间的延长。

训练方法：在每一周期的训练中逐渐增加每组的重量或训练的持续时间，直至完成整个训练周期后，完成较高负荷的耐力训练。每次训练后的恢复期要充足，确保肌肉有时间适应负荷的变化。

适用运动：适用于任何需要长期持续高强度输出的运动（如铁人三项、耐力赛跑等）。

（二）有氧耐力训练方法

有氧耐力训练是通过持续进行中等强度或低强度的有氧运动，增加心肺系统的耐受力，提高心脏、肺部及血液循环系统的功能，使身体能够在较长时间内保持稳定的运动状态。主要目标是增强有氧代谢能力，提高学生在较长时间内高效供氧的能力，延缓疲劳的出现，适应长时间高强度运动的需求。

1. 持续性有氧训练法

持续性有氧训练法是最基础的一种有氧耐力训练方法。它通过在稳定的中等强度下进行较长时间的运动，提升心肺功能，增加肌肉对氧气的利用能力，促进脂肪的氧化，增强学生的持久性。

训练方法：选择适当的有氧活动（如慢跑、游泳、骑车等），维持60%~75%的最大心率（Maximum heartrate，MHR）进行30分钟以上的训练。在训练过程中，保持稳定的运动强度，避免剧烈波动。

适用运动：长跑、游泳、骑行等需要持续进行长时间运动的项目。

2. 间歇性有氧训练法

间歇性有氧训练法是一种交替进行高强度和低强度（或休息）训练的方法。通过高强度的有氧运动训练提升学生的最大摄氧量（VO_2 max），再通过恢复期帮助身体清除乳酸和恢复能量。相对于持续性有氧训练，间歇性有氧训练能够在较短时间内提高有氧耐力，同时有助于提升学生的爆发力和速度。

训练方法：例如，做高强度的冲刺跑，40秒的全力跑步后，休息90秒，反复进行8~12次。可以根据学生的体能状态调整每个阶段的时间长度和强度。

适用运动：足球、篮球、田径等竞技项目，特别适用于需要间歇性爆发和恢复的运动。

3. 长期低强度有氧训练法

长期低强度有氧训练法是有氧耐力训练的一种经典方法。其核心是以相对较低的强度、较长的训练时间进行训练。这种训练方法适合提高持久耐力和身体的脂肪利用效率，同时减少身体对碳水化合物的依赖。

训练方法：选择低强度的有氧运动（如慢跑、步行、游泳等），维持在最大心率的 60%~70% 进行长时间（60~120 分钟）的训练。这种训练适合在体能基础阶段进行，也可作为恢复训练的一部分。

适用运动：马拉松、长途骑行、游泳等耐力项目。

4. 变速训练法

变速训练法是一种结合了有氧和无氧训练的混合式方法，具有较高的灵活性和适应性。它通过在有氧训练中加入不定期高强度冲刺，既能提高有氧耐力，又能增强爆发力，促进体能的全面提升。

训练方法：训练者在较为平稳的有氧运动（如跑步、骑车等）中，随机插入一些短时间、高强度的加速段，通常这些加速段为 0.5~3 分钟，训练的总时间一般为 30~60 分钟。训练中没有固定的时间间隔和高强度周期，而是依赖学生自身的感觉。

适用运动：各种有氧运动，尤其适用于节奏多变的比赛（如足球、篮球等团队运动）及长跑和游泳等项目。

5. 坡度训练法

坡度训练法是一种通过增加运动强度和挑战性来提高有氧耐力的训练方法。通过在上坡或模拟坡度的情况下进行运动，能够提升腿部肌肉力量和耐力，同时增加心肺系统的工作负荷。

训练方法：例如，在跑步机上选择一定的坡度进行跑步或进行户外爬坡训练。坡度的选择应根据学生的能力逐步递增，开始时坡度不宜过高，慢慢增加强度和持续时间。

适用运动：跑步、越野跑、登山等对地形有要求的耐力运动。

6. 交叉训练法

交叉训练法是一种通过不同类型的有氧运动组合来提高耐力的训练方法。这种方法能够降低单一训练对身体的负荷，同时有效避免运动损伤，增强全身的耐力和协调性。

训练方法：通过选择不同类型的运动（如跑步、骑行、游泳、划船等），交替进行，以维持较高的有氧能力并降低单一运动可能带来的过度疲劳或损伤风险。

适用运动：各种有氧耐力运动，特别适合需要跨多项运动进行训练的学生（如铁人三项选手）。

（三）无氧耐力训练方法

无氧耐力训练主要提高学生在短时间内高强度运动下的耐受能力。这类训练着重于增强肌肉的无氧代谢能力，即在不依赖氧气的情况下，肌肉通过无氧途径（如糖酵解）提供能量。无氧耐力训练不仅能提高肌肉的力量和爆发力，而且能增强肌肉在高强度运动下的持久性。

1. 重复冲刺训练

重复冲刺训练是一种经典的无氧耐力训练方法，旨在提高学生的爆发力和无氧能量系统的利用能力。通过多次短时间的高强度冲刺，训练学生在短时间内快速产生能量并提高运动耐力。

训练方法：进行短时间的高强度冲刺（如 20~40 米），每次冲刺后恢复（走动或慢跑）0.5~3 分钟，进行多轮重复。冲刺的强度接近最大努力，以最大速度完成每次冲刺。

适用运动：短跑、足球、橄榄球、篮球等项目。

2. 高强度间歇训练

高强度间歇训练是一种交替进行高强度运动和低强度恢复的训练方式，重点训练无氧耐力，特别是肌肉对无氧能量系统的适应能力。高强度间歇训练可以显著提高学生的心肺功能，同时增强无氧代谢能力。

训练方法：训练包括多个高强度运动（如跳跃、快速跑步、骑行等）和低强度恢复期（如走路、慢跑等）。高强度运动时达到 90% 最大心率，持续 20 秒 ~1 分，再进行短暂恢复。每个循环重复 4~6 次。训练周期可以根据学生的情况调整。

适用运动：田径、足球、篮球、游泳等需要爆发力和耐力的项目。

3. 长时间高强度运动

长时间高强度运动是指以较高的强度（但低于全力输出）进行的持续训练，目的是增强学生在较长时间内保持高强度输出的能力。这种方法有助于提高无氧能量系统的持续输出能力。

训练方法：保持 70%~85% 最大强度的运动持续进行 10~30 分钟，训练过程中控制运动强度和节奏，避免完全达到疲劳状态。此训练可以通过跑步、骑行或划船等项目进行。

适用运动：长时间中高强度的爆发性运动（如田径中的 400 米跑、1000 米跑等）。

4. 重复负重训练

通过重复负重训练可以提高肌肉的耐力和无氧耐力能力。无氧耐力训练不限于有氧训练，还包括力量训练，特别是低重量多重复的训练模式。这种训练旨在提高肌肉在高强度训练中的持久性，帮助学生更长时间地保持较高强度的运动。

训练方法：选择合适重量的负荷进行 5~10 次重复的多组训练，每组间休息时间较短（0.5~1 分钟），可以通过各种复合运动（如深蹲、硬拉、推举等）进行。

适用运动：举重、摔跤、橄榄球等需要力量和耐力结合的项目。

5. 踏步机训练

踏步机训练是一种模拟登楼梯的无氧耐力训练方式，通过反复进行高强度的登楼梯运动，帮助学生增强下肢的无氧代谢能力。此训练方法可在短时间内提高大腿、臀部和小腿的无氧耐力。

训练方法：利用踏步机进行间歇性训练，训练时快速踩踏梯级，每次 0.5~1 分钟，之后进行 1~2 分钟的低强度恢复期。进行多轮重复，每轮根据学生情况增加强度。

适用运动：田径、篮球、足球等。

（四）有氧与无氧混合耐力训练方法

有氧与无氧混合耐力训练结合了有氧耐力和无氧耐力的训练特点，旨在通过同时提高两种不同的能量系统增强学生的整体耐力水平。此类训练方法可以有效改善学生在长时间或间歇性高强度运动中的表现，特别适用于需要持续耐力和瞬时爆发力的运动项目。

1. 变速跑

变速跑是一种结合了有氧与无氧耐力的训练方法。它通过在不同强度的跑步之间切换，挑战学生的有氧和无氧能量系统，帮助提升整体耐力和心肺功能。

训练方法：在轻松跑步的基础上，交替进行短时间冲刺（如0.5~1分钟）和较长时间的慢跑（如3~5分钟）。冲刺时，用接近最大努力的速度完成，慢跑时保持轻松的步伐。

适用运动：长跑、足球、篮球、田径等间歇性有氧运动项目。

2. 交替负荷训练

交替负荷训练是一种结合了高强度无氧运动与低强度有氧运动的训练方法，适用于提高学生在长时间高强度活动中的表现，增强恢复能力并提高其整体能量利用效率。

训练方法：进行高强度无氧练习（如短时间的冲刺或力量训练）后，立即以低强度有氧练习（如慢跑或快走）进行恢复。每次训练时，无氧和有氧部分交替进行。例如，在跑步机上高强度冲刺30秒，再低强度慢跑1~2分钟，重复进行数组。

适用运动：足球、篮球、冰球、橄榄球等需要无氧爆发和持续运动的项目。

3. 循环训练

循环训练是一种结合有氧与无氧训练的综合性训练方法，通过多个不同的练习站点进行练习，确保学生的有氧和无氧能量系统在训练过程中同时得到锻炼。

训练方法：设置若干个训练站点，每个站点进行高强度的无氧练习（如跳箱、俯卧撑、负重深蹲等）0.5~1分钟，然后迅速转到下一个站点进行低强度有氧运动（如慢跑或划船机），保持一定的训练密度和恢复时间。可以进行3~5组循环，逐渐增加组数或时间。

适用运动：综合型运动、体能训练、健身训练等。

4. 高强度持续跑

高强度持续跑是介于有氧训练和无氧训练之间的一种训练方法，通常在接近最大耐力的强度下进行，既有无氧爆发力的要求，又能维持较长时间的运动强度。此类训练帮助学生提升乳酸耐受能力，并促进有氧与无氧系统的有效结合。

训练方法：以接近学生最大耐力的强度（通常是 85%~90% 的最大心率）进行较长时间的跑步（20~40 分钟）。此时的运动强度既能刺激无氧系统的爆发力，又能锻炼有氧系统的耐力。

适用运动：马拉松、越野跑、田径等耐力型项目。

5. 间歇性爆发训练

间歇性爆发训练是一种利用短时间的高强度爆发性训练（如冲刺跑）和低强度恢复（如慢跑）相结合的训练方法，有效提升学生在比赛中的瞬时爆发力和持续耐力。

训练方法：进行 0.5~1 分钟的最大强度冲刺（如跑步、骑行或划船），然后进行相等时间或稍长的低强度恢复期（如慢跑、行走或休息）。训练时保证爆发性动作和恢复期的交替进行，每组间休息 1~2 分钟。

适用运动：短跑、足球、篮球、橄榄球等需要瞬时爆发力和耐力的项目。

第四节　柔韧、协调和灵敏训练

一、柔韧训练

柔韧素质是指人体关节在不同方向上的运动能力及肌肉、韧带等软组织的伸展能力。柔韧训练有助于提高关节的活动范围、改善运动表现并减少运动损伤。不同的运动项目对学生的柔韧性要求不同，因此需要根据具体运动的需求来设计相应的柔韧训练计划。

（一）上肢与颈部的训练方法

1. 压腕

压腕训练主要针对腕部和前臂肌肉的伸展，有助于改善上肢的柔韧性，增加腕部的灵活性和舒适度。

训练方法：伸直一只手臂，将手掌朝下，然后用另一只手轻轻按压手背，保持 30 秒，感觉到前臂和腕部的轻微拉伸感。每只手臂进行 2~3 次，每次保持 30 秒。

2. 跪撑正压腕

跪撑正压腕通过跪姿的支撑方式，增加腕部和前臂肌肉的拉伸，提升其柔韧性。

训练方法：跪姿并将手掌放在地面上，指尖朝向身体。慢慢将身体前移，用肩部和身体的重量加压手腕，保持 15~30 秒。然后换另一只手进行同样的训练。

3. 跪撑反压腕

跪撑反压腕训练有助于拉伸前臂的反向肌群，尤其适用于增强手腕灵活性，减少手腕的僵硬感。

训练方法：同样保持跪姿，手掌放地，指尖朝向身体的背面。用另一只手握住手背，轻轻向下压，直到感觉前臂和手腕有轻微拉伸，保持 30 秒。

4. 跪撑侧压腕

通过跪撑侧压腕，学生可以有效拉伸腕部各个方向的肌群，增加其灵活性和伸展性。

训练方法：保持跪姿并将一只手掌放在地面上，手指朝向一侧。使用另一只手按压手背，将手腕向地面侧面压低，保持 15~30 秒，感受腕部的拉伸感。每只手臂进行 2~3 次。

5. 向内旋腕

向内旋腕训练主要作用于前臂的旋转肌群，可以增加腕部的灵活性并有效拉伸手腕和前臂的内旋肌肉群。

训练方法：双臂伸直，手掌朝下，另一只手握住手腕部，轻轻向内旋转手掌。保持此位置 15~30 秒，感受到手腕和前臂的拉伸后，换手重复此动作。每只手臂进行 2~3 次，每次保持 30 秒。

6. 正压肩

正压肩训练旨在增强肩部的柔韧性（尤其是肩关节的活动范围），有助于减少肩部的紧张感和提高运动表现。

训练方法：站立或坐姿，双手交叉放在肩部，双肩上抬至耳朵高度。然后，缓慢地将肩部向上推，使肩膀尽可能地向耳朵靠拢，保持 5 秒钟，然后放松。每次做 10~12 次，做 2~3 组。

7. 反压肩

反压肩训练有助于伸展肩膀后部的肌肉群，改善肩关节的活动范围，减少肩部僵硬和紧张感。

训练方法：站立或坐姿，双手交叉放在背后，双臂伸直。用一只手牵拉另一只手的腕部，使肩部得到适当的拉伸。保持肩部的轻微拉伸感，保持 30 秒，然后换手进行相同训练。

（二）下肢与腰腹背部的训练方法

1. 弓箭步压髋

弓箭步压髋训练主要提升大腿、髋部和臀部的柔韧性，有助于缓解久坐或久站所导致的髋部僵硬。

训练方法：站立，右腿迈前一步，左腿膝盖跪地，膝盖与脚踝呈 90° 角。双手放在髋部或大腿上，保持背部挺直，向前推髋部，直到感到左侧髋部和大腿前侧的拉伸感。保持此姿势 15~30 秒，换腿进行，做 2~3 次。

2. 跪立背弓

跪立背弓训练主要用于提高腰部和脊柱的柔韧性，增强下背部的灵活性。

训练方法：双膝跪地，双手放在头后，手肘朝外。上身缓慢向后弯曲，尽量让胸部向上抬起，保持此姿势 10~15 秒，然后回到起始位置。重复进行 5~10 次，注意背部动作的流畅性，避免过度拉伸。

3. 俯卧背弓

俯卧背弓训练有助于拉伸脊柱前侧肌群，增加背部的伸展能力和灵活性。

训练方法：趴在垫子上，双手放在肩膀下，手肘弯曲。双脚伸直，脚尖指向地面。用力将上半身抬起，同时保持下半身接触地面，形成弓形。保持 5~10 秒，重复进行 5~8 次，尽量延展背部。

4. 仰卧团身

仰卧团身是一种针对腹部和背部肌肉群的拉伸方法，有助于增强腰部的柔韧性和核心稳定性。

训练方法：仰卧在地面或瑜伽垫上，双腿伸直，双手放在身体两侧。抬起双腿并用双手抱住膝盖，尽量将膝盖拉向胸部。保持 30 秒，然后放松，重复

3~5 次。

5. 站立体侧屈

站立体侧屈可以有效拉伸脊柱的两侧，帮助缓解腰部紧张并增强下肢的柔韧性。

训练方法：站立，双脚与肩同宽，双手交叉放在脑后。慢慢将上半身向一侧弯曲，尽量使身体的一侧伸展，保持 10~15 秒。然后回到起始位置，换另一侧进行。每侧做 3~5 次。

二、协调和灵敏训练

协调和灵敏能力是学生在高强度运动中能够迅速调整自身动作、精确控制身体及有效应对外界变化的重要能力。协调和灵敏训练不仅有助于提升学生的反应速度和精确度，而且能增强他们的平衡感、空间感知力和快速决策能力。

（一）协调的训练方法

1. 前滚翻

前滚翻是一种基础的体操动作，能够有效锻炼学生的身体协调性、柔韧性以及对空间的感知能力。

训练方法：双腿并拢站立，双手伸直放在地面，保持头部低于臀部。利用手部支撑力量，弯曲膝盖，将双腿翻过头部，使身体从前方滚动至站立位置。整个动作要求顺畅连贯，避免急促，保持身体平衡。初学者可从缓慢练习开始，逐渐提高滚动的速度。

2. 后滚翻

后滚翻与前滚翻类似，主要锻炼身体的协调性和反应能力，尤其在掌握后，能够增强身体对背部和臀部的控制力。

训练方法：站立，双手放在肩膀前方，保持膝盖微屈。坐下后，用双手支撑身体背部，脚跟抬起，向后翻滚。当身体翻到地面时，通过手臂支撑快速恢复站立姿势。练习时，注意保护颈部，避免过度用力。

3. 鱼跃前滚翻

鱼跃前滚翻结合了前滚翻和跳跃动作，旨在提高身体的灵活性和协调性，增强核心稳定性和下肢力量。

训练方法：站立后，做出前滚翻的准备动作，之后用双腿的推力迅速跳跃起，双手支撑地面完成翻滚。目标是通过前滚翻动作的流畅过渡，快速完成站立并保持稳定。动作要连贯，保证每一步的协调性。

4. 模仿做对侧动作

模仿做对侧动作的训练方法帮助学生在快速反应时，协调身体各部位的运动，尤其增强左右两侧的运动协调性。

训练方法：与训练伙伴站在面对面的位置，教师发出指令，让学生模仿对方做相反动作。例如，当教师做出左手伸直、右脚向前迈步的动作时，学生要反向做出右手伸直、左脚向后迈步的动作。此训练通过反复模仿动作来提高动作的同步性和反应的灵敏度。

5. 交叉跳绳

交叉跳绳是利用跳绳技术增强手脚的协调性、提高灵敏度，并加强耐力和反应能力。

训练方法：学生站立，双手持绳，两臂自然放松。开始跳绳的同时，用双臂交叉绳子，每次跳跃时通过交叉的动作让绳子迅速通过身体前面。在训练中需要集中注意力，确保绳子不被纠缠，同时提高跳跃频率和灵活性。随着熟练度的提升，学生可以逐渐加快跳跃频率和交叉动作的频率，进一步提高协调性。

6. 双人跳绳

双人跳绳是一项有趣的协调性训练，通过两名学生配合进行，能够有效提升学生的步伐协调性、节奏感及团队协作能力。

训练方法：两人先并肩站立，同步摇绳起跳找默契；在一人带跳模式下，前方人控速，后方人紧跟。技巧训练涵盖双脚、单脚、交叉跳。速度耐力训练可设短时间冲刺与长时间耐力跳。学生还能挑战双摇、编花等花样玩法。

7. 跑步训练

跑步训练不仅有助于提升学生的基本体能，还能增强其全身协调性。通过不同方式的跑步练习，能够提高下肢力量、步伐控制能力及整体运动效率。

训练方法：可以通过不同速度的跑步（如慢跑、加速跑、冲刺等）增强步伐的灵活性和节奏的控制感。此外，可以结合变向跑、障碍跑等练习，增加跑步时的协调性，提高反应和步伐转换的能力。

8. 单腿跳

单腿跳训练可以帮助提高学生单腿支撑时的平衡感、控制力和协调性。此练习强调下肢的力量和灵活性。

训练方法：站立时选择一只腿作为支撑腿，另一只腿保持抬起状态。然后用支撑腿的力量进行跳跃，尽量保持平衡并确保动作的流畅性。单腿跳的过程中，要控制身体的倾斜角度，避免失去平衡。可以增加跳跃次数、跳跃高度或进行单腿跳的多种变式（如向前、向后或向侧面跳）。

9. 单腿跳与前摆结合

单腿跳与前摆结合训练有助于提升学生的腿部协调性、灵活性及动态控制力，特别是在奔跑中实现良好的步伐和姿势调整。

训练方法：先做单腿跳的基本动作，当支撑腿跳起时，另一只腿要进行前摆动作。通过摆动的腿部带动身体向前发展。这个练习不仅能增强下肢的力量和爆发力，而且能改善腿部协调性和步伐流畅度。初学时可进行低强度的练习，然后逐步加大跳跃和前摆的幅度。

10. 登山走

登山走是一种模仿登山的训练方法，旨在增强学生的下肢协调性、力量及体力耐久性，同时有助于改善其步伐和节奏感。

训练方法：站立时双腿打开，与肩同宽，膝盖微屈。然后交替做出登山的动作，即用单脚蹬地并将另一只脚抬起至髋部高度，同时保持身体稳定。练习时，可以逐步增加登山的速度并注意步伐的均匀性和身体的控制。为了增加难度，学生可以用双手做相应的摆动，增加上肢的协调性。

（二）灵敏的训练方法

灵敏训练着重提升学生的反应速度、快速转换动作的能力及在运动中对外界刺激的快速反应。灵敏性训练对提高运动表现至关重要（尤其是在需要快速决策和应变的运动项目中）。

1. 听信号完成动作练习

听信号完成动作练习能有效提高学生的反应速度和敏捷性，通过听到不同的信号完成指定动作，帮助学生提高反应灵活性和判断力。

训练方法：教师发出不同的口令或信号（如口哨声，喊出某个方向、颜色、动作等），学生根据信号迅速做出反应。例如，听到"向左转"时，立刻转身并快速跑向指定地点；听到"加速跑"时，迅速提高跑步速度。通过不断变化的信号和要求，训练学生的反应速度与执行准确性。

2. 腿部组合练习

腿部组合练习注重下肢的灵活性、协调性和反应速度，能有效增强学生腿部肌肉的控制能力，提高在运动中进行快速转移和变换的能力。

训练方法：包括多种下肢组合动作（如跳跃、弓步蹲、快速侧步、单腿跳等）。学生按照要求快速、连续完成不同类型的腿部动作（如"前跳后跳"或"交替跨步"）。此练习有助于提升学生的下肢反应速度和协调性，能够快速适应不同运动情境中的腿部需求。

3. 跑步训练

跑步是灵敏性训练的基础，通过跑步练习可以增强学生的整体协调性及反应能力（尤其是在快速启动和突然加速的场景中）。

训练方法：包括短距离的加速跑、变速跑、重复冲刺等。练习时，教师可以设定不同的跑步距离和速度要求，并在跑步中加入快速停止、转身、加速等动作，以提高学生在变化速度时的敏捷性与动作转换能力。

4. 变向跑练习

变向跑练习注重提高学生在跑步过程中迅速改变跑步方向的能力，对于提升快速反应、协调性和灵活性有显著效果。

训练方法：学生可以在标记点或标志锥之间进行变向跑，通过快速转向提高灵活性。教师可以设置不规则的跑步路线，要求学生在听到口令或看到信号后，迅速改变跑步方向（如"左转""右转""急停"）。此类练习能增强学生在运动中对方向变化的快速适应能力。

5. 障碍跑训练

障碍跑训练注重提高学生的反应能力、敏捷性和灵活性，特别是在面对突然出现的障碍时，能迅速做出反应并灵活避开。

训练方法：在跑道上设置多个障碍物（如标志锥、绳索、平衡木等），学生需要在移动过程中迅速识别障碍并做出跨越、绕行或跳跃的动作。训练时，可以设计不同的障碍排列方式，并逐渐增加障碍物的数量和难度，以提高学生的灵敏度、快速决策能力和动作转换效率。

第三章 运动心理技能训练与运动损伤的心理分析

第一节 运动心理技能的主要内容

一、运动训练心理动机的概念

（一）动机

动机是指驱动个体进行某种行为的内在动力，它是人类进行任何活动的根本原因之一。动机决定了个体为达成某个目标所付出的努力强度、持久性和方向。动机可以源自内在的需求（如成就感、满足感）或外在的奖励（如奖品、社会认同）。从心理学角度来看，动机通常分为两类：

1. 内在动机

个体由于对某种活动本身的兴趣或享受而参与其中。这类动机通常更为持久和稳定，因为它源自个体内心的需求和满足感。

2. 外在动机

个体为了获得某种外部奖励（如金钱、荣誉、奖杯等）或避免某种惩罚而参与活动。外在动机通常受到外部条件的影响，可能不如内在动机持久，但在某些情况下也能有效促进个体的行动。

动机的强度和方向直接影响个体在运动中的投入程度和训练质量。当动机得到有效激发，学生在训练中的表现通常会更加积极、持久且高效。

（二）运动训练心理动机

运动训练心理动机，是驱动个体投身并坚持运动训练的内在心理动力，它多元且复杂，既可能源自对自我突破的渴望（在一次次挑战极限中实现蜕变），也可能是受外界认可激励，期望借优异运动表现赢得掌声。有的人是为改善身体状况，用汗水换取健康体魄；还有人纯粹是热爱运动时的畅快感受。这些心理动机，犹如强大引擎，在训练遇困、肌肉酸痛、疲惫袭来时，推动着人们克服重重艰难，持续奔赴在运动训练之途，塑造更好的自己。

1. 成就动机

学生希望通过不断提升自己的技能和成绩实现个人成就感。成就动机强的学生通常追求卓越，他们在训练和比赛中表现出较强的进取心和责任感。

2. 社交动机

许多学生在参与运动训练时，除了追求个人目标外，还受到社交互动的驱动。学生可以通过与队友的互动增强自信心，也可以通过团队合作增强归属感和认同感。

3. 竞技动机

竞技动机是指学生为了在比赛中获得胜利而全身心投入训练。竞技动机具有强烈的目标导向性，学生往往为了战胜对手、争夺奖牌而付出努力。

4. 健康动机

对于一些学生而言，运动训练是为了保持身体健康和提升体能。健康动机往往比较持久，学生的目标是增强体质，并保持健康的生活方式。

5. 外部奖励动机

外部奖励动机是指学生为了获得奖赏或避开惩罚而参加训练。例如，学生可能为了获得奖金、赞助或认可努力训练。这类动机往往依赖于外部环境的支持。

二、运动训练心理动机的类型

学生参加训练和比赛的动机有很多，根据不同的划分标准，可以将运动训练心理动机划分为以下几种类型。

（一）生物性动机和社会性动机

生物性动机是指学生在进行体育运动训练时，基于自身生理性需求产生的动机，主要体现在通过运动来获得刺激感、愉悦感并宣泄身心能量。这种动机属于个体化的，强调满足个人的身体需求。生物性动机的核心作用在于学生通过训练来释放积累的能量，获得内心的平静和满足感。如果学生在训练过程中无法体验到这种生理上的愉悦，可能会导致心理上的烦躁、行为不安、注意力难以集中等问题，严重时还会影响训练效果。为了避免这种情况的发生，教师在设计训练内容时，应该注重训练的多样性和趣味性，确保能够激发学生的兴趣，使其在身体上得到放松与享受，从而满足其生理性需求。

社会性动机是指学生为了满足在运动训练和比赛中的社会需求（如展示自己的运动技能、建立友谊、赢得荣誉等）参与训练。这种动机注重社会交往和社会认可，通常伴随着个体的社会经验的积累，在长期的学习过程中逐步形成。社会性动机具有较强的持久性，它对学生自我素质的提高、心理素质的培养及人际关系的建立等方面起到了重要的推动作用。通过训练和比赛，学生不仅能够提升自己的技能，而且能够获得他人的认可与尊重，这也促进了他们的心理成长和社会适应能力。因此，教师应鼓励学生在训练中互帮互助，既有竞争，又有合作，从而充分满足其社会性需求，提升其参与训练的动机和动力。

（二）内部动机和外部动机

运动动机可分为内部动机和外部动机。内部动机来源于学生的内在需求（如追求训练乐趣、成就感、荣誉感和自我实现），外部动机由外界诱因（如竞争对手的称赞、教师的鼓励和比赛奖励）激发。

内部动机对学生参与体育活动的影响更为深远和持久，因为它基于自我满足，学生能从活动中直接获得心理回报，不依赖外部因素。外部动机的影响较为短期，若外部奖励消失，其激励效果减弱。因此，内部动机能持续推动学生的努力，外部动机多用于激发初期的积极性。

外部动机与内部动机有着密切关系，适当的外部奖励可增强内部动机，但不当的激励机制可能削弱内在驱动力。正确的奖惩方式能产生积极效果，反之则可能适得其反。

（三）享有性动机和匮乏性动机

享有性动机是指学生在训练和竞技过程中，追求挑战、满足和个人成就的动机。这种动机源于内心的欲望，学生通过不断提升自己的能力，享受不断进步和超越自我的过程。例如，当学生设定目标并努力实现时，获得的成就感和自信心是他们持续参与训练的主要动力。这类动机不仅能增强训练的主动性，而且能提升学生的心理状态和身体素质，推动他们在长时间的训练和比赛中保持热情和动力。

匮乏性动机是一种源于内心焦虑和压力的动机。学生往往因为害怕失去某些东西（如位置、声誉或训练成果）而产生这种动机。例如，一些学生可能因为担心自己在队中的位置不保或在比赛中表现不佳而倍感压力，这种压力促使他们投入更多时间和精力去训练。匮乏性动机虽然能在短期内激发学生的行动力，但是长期依赖这种动机会带来焦虑和情绪波动，可能影响其持续发展的动力和心理健康。

三、运动训练心理动机的作用

运动训练心理动机对学生参与运动训练具有非常大的作用，包括激发运动训练行为、调节运动训练过程、指向运动训练目标。

（一）激发运动训练行为

动机是学生行动的内在驱动力。没有动机，学生可能不会投入足够的精力和时间进行训练。动机激发的核心作用之一是激励学生采取行动，无论是在日常训练还是在比赛中，动机都能够促使学生采取主动行为。例如，内部动机驱使学生追求更好的表现，享受训练中的挑战和成就感；外部动机可能源自对外界奖励、荣誉或竞争对手的关注。这种行为的激发不仅是开始训练，而且在于如何持久、专注地进行训练。

（二）调节运动训练过程

运动训练是一个长期且具有挑战性的过程，学生在训练过程中难免会遇到困难和产生疲劳，在缺乏动机的情况下，训练变得低效甚至中断。此时，动机的作用在于调节学生的情绪和心理状态，帮助他们更好地应对训练中的困难，保持高效的训练节奏。通过积极的心理动机，学生能够调整自身的心理状态，克服情绪低谷，恢复专注，提升训练的积极性和持续性。例如，学生在面对训练的瓶颈时，可能因为内在的自我挑战和对自我提升的渴望而坚持下来，甚至超越自己的极限。

（三）指向运动训练目标

动机在运动训练中还具有导向作用，它能帮助学生明确训练目标，并使其集中精力朝着这些目标努力。无论是提高体能、技术水平，还是达成比赛成绩，动机都能让学生明确自己的目标并为之奋斗。动机不仅能帮助学生实现短期目标，而且能帮助学生规划长期的职业发展。通过动机的推动，学生在训练中始终保持着目标的清晰感和前进的动力，这对于训练的方向性、效果性至关重要。例如，短期内追求体能的提升，长期则是为了在比赛中获得冠军。动机让学生在不同的训练阶段保持目标导向，从而更好地调整训练计划和应对挑战。

四、运动训练心理动机的相关理论

（一）运动训练心理动机的强化理论

为了提高学生的训练效果，可以通过一些强化手段来激励学生，促使他们保持积极的训练态度和行为。强化的核心就是利用外部激励手段来加强或减弱某些行为的出现。根据奖励或惩罚的性质，强化可以分为正向强化和负向强化。

1.正向强化

正向强化是指通过给予奖励来强化学生的行为。当学生表现出积极的训练行为、完成既定的训练目标时，给予他们适当的奖励。这种奖励可以是口头表扬、奖杯、奖金等形式，也可以是其他能激发学生满足感和自豪感的奖励。正向强化的目的是让学生明白，良好的行为和表现会得到回报，从而提高他们对训练的兴趣和投入。例如，在训练过程中，当学生完成一个高难度的动作或超越自己的纪录时，教师可以通过表扬或给予小奖励来增强学生的动机，促使他们在未来的训练中继续保持优秀表现。

2.负向强化

负向强化是通过撤销某些不愉快的结果来促使学生表现出特定行为。当学生完成训练任务或达到训练要求时，教师可以减少某些学生不喜欢的任务或惩罚措施，从而激励他们继续保持良好的训练状态。这种方法通过避免厌恶刺激的方式，激发学生的动力。例如，学生在一段时间内完成了高强度的训练任务，可以允许他们暂时免于某些繁重的训练内容或减少某些训练强度。负向强化能帮助学生更好地适应训练压力并保持长时间的高效训练。

3.运用强化手段时的注意事项

在实际运用强化手段时，教师需要特别注意几个方面，确保激励措施能够有效促进学生的训练动机和行为。

（1）明确规定奖励的行为和奖励的标准。

奖励必须与学生的表现或训练成果直接关联，明确可以获得奖励的行为，避免让学生产生混乱和不公平感。奖励标准应具体、明确，确保每名学生都能理解并努力达到。

（2）根据训练阶段安排不同形式的强化。

不同的训练阶段，学生的需求和心理状态不同，强化手段也应有所不同。训练初期阶段，可以采用更多的正向强化，激励学生逐步建立自信。训练后期，尤其是高强度训练阶段，负向强化更为有效，能帮助学生突破自己的极限。

（3）让学生知道奖励不是根本目的。

虽然外部奖励能够增强学生的动力，但是教师应让学生认识到奖励只是对他们努力的认可，不是训练的最终目的。要通过奖励强化学生的内部动机，帮助他们建立长期的训练兴趣和自我驱动。内在的满足感和自我价值的实现，才是最能驱动学生持续进步的动力。

（二）运动训练心理动机的需求层次理论

美国社会心理学家和比较心理学家亚伯拉罕·马斯洛（Abraham Harold Maslow）的需求层次理论指出，人类的需求呈层次结构，从最基本的生理需求到最高层次的自我实现需求，每一个层次的需求必须得到满足，个体才能向更高层次的需求迈进。在运动训练中，动机的激发同样遵循这种需求层次的递进，学生的不同需求层次直接影响着他们的训练态度和表现。以下是根据需求层次理论，得到运动训练中的需求满足方式：

1. 满足学生追求运动乐趣的需求

学生在训练中不仅仅是为了成绩或外部奖励，很多时候他们参与运动训练的内在动机来自对运动本身的喜爱和享受。学生追求运动的乐趣主要是为了满足生理和心理上的愉悦。当学生在训练中感受到运动的乐趣时，训练的过程本身成为他们追求的目标之一。为了满足学生的需求，教师应创造轻松愉悦的训练氛围，设计有趣的训练项目，避免单调和枯燥，保持训练的多样性和创新性，从而激发学生的参与热情和持续的训练动机。

2. 满足学生的归属需求

归属需求属于社会需求的范畴，这里指学生渴望在训练团队中获得认同和归属感。这种需求体现了学生对集体、团队合作和社交关系的渴望。当学生在团队中感受到关心、理解和支持时，他们的训练动机会得到进一步激发。因此，团队氛围的构建尤为重要。教师应注重团队合作精神的培养，促进学生之间的相互支持和友好竞争，帮助他们建立良好的社交关系，增强团队认同感，让他们在训练中感到被接纳和被尊重。

3. 满足学生的尊重需求

尊重需求是指学生希望在团队或社会中获得他人对自己的尊重和认可。学生的自信心和自尊心对其训练的持续性和表现有重要影响。尊重需求的满足可以通过鼓励学生的努力与成就、给予他们适当的认可和表扬来实现。教师可以通过公开表扬、奖赏或为学生提供更多的责任与机会，提升他们的自信心，增强他们的内在动机，激励他们为更高的目标而努力。

4. 满足学生展现自我的需求

展现自我需求是需求层次中的更高层次需求，主要指学生希望通过训练和比赛展现个人的能力、价值和自我实现的需求。这类需求的满足不仅能够增强学生的训练动机，而且能够激发他们追求卓越和创新的精神。为了满足这一需求，教师应当为学生提供足够的自主权，鼓励他们制订个人目标并在训练中充分发挥自我潜力。通过培养学生的个性化发展和自我提升的意识，使他们不仅追求外部的成功，而且要注重内心的成长和自我实现。

（三）运动训练心理动机的目标定向理论

运动训练动机的目标定向理论认为，通过制订一些合适的运动训练目标，可以激发学生的运动训练动机，指导学生的运动训练行为。主要是做好相应的目标设置。目标设置主要包括以下几个方面。

1. 目标设置的原则

（1）具体性。

目标设置应明确、具体，避免模糊不清。例如，不应只设定"提高成绩"的目标，而应具体到"在下次比赛中提高 100 米跑的成绩 0.5 秒"。

（2）可衡量性。

目标设置应是可量化的，以便能够准确衡量进展和成果。例如，设定"每周增加跑步的训练量 10%"，而不是"提高跑步耐力"这种不明确的目标。

（3）可达成性。

目标设置应根据学生的能力、状态和实际情况进行调整，确保目标既具有挑战性，又不至于遥不可及。难以实现的目标使学生产生挫败感，过于简单的目标无法有效激发学生的潜力。

（4）有时限性。

目标设置应设定明确的完成时限，有助于学生集中精力并能够清晰评估自己的进度。例如，设定"一个月内提高 200 米跑的速度 0.5 秒"或"在本赛季的某场比赛中突破个人纪录"。

（5）激励性。

目标设置应具有激励作用，能够引导学生朝着更高的标准努力。设定目标时，应考虑学生的内在动机和外部动机，确保目标不仅可行，而且能够激发学生的内在驱动力。

2. 目标设置过程中需要注意的问题

（1）量力而行，循序渐进。

目标的设置应符合学生的实际情况，避免设定过高或过低的目标。在设置短期目标时，需考虑学生的当前能力和水平并逐步提高目标的挑战性。长期目标的设置应具有前瞻性，但也应通过合理的阶段性目标分解来达成。

（2）个体化差异。

每名学生的能力、心理状态和动机水平都有所不同，因此在设置目标时，应考虑到个体的差异。教师应根据每名学生的特点，为他们量身定制目标，确保目标既具挑战性，又能有效调动学生的潜力。

（3）动态调整与反馈。

目标设置并不是一成不变的，在训练过程中，应根据实际情况进行动态调整。当学生的状态有所变化时，应根据反馈及时调整目标，以保持目标的挑战性与可达性。同时，应定期进行进度评估，了解学生在实现目标的过程中遇到的困难，并根据评估结果给予及时的反馈与支持。

（4）短期与长期目标的平衡。

短期目标可以帮助学生看到进展、积累信心，长期目标能为学生提供前进的方向和终极目标。在目标设置时，要注重短期目标和长期目标的平衡，确保短期目标能够为长期目标的实现铺路，同时避免过于注重短期目标而忽视了长期目标。

（5）精神与身体的结合。

目标设置不仅是为了增强学生的身体能力，而且应考虑学生的心理需求。目标设置应有助于提升学生的自信心、心理韧性和抗压能力，在提升学生身体素质的同时，帮助他们建立积极的心理态度。

（四）运动训练心理动机的自我效能理论

自我效能主要是一个人对自己能力和能力可能产生的效能的认知，是体现在一定情境里的自信心。自我效能在一定程度上影响着一个人在完成任务时的动机强弱。因此，在进行运动训练时，应利用自我效能理论对学生进行引导。通常情况下，主要是对学生的自信心进行引导，可以通过表象训练、积极暗示和集体鼓励等方式提高学生的自信心，从而不断提高其自我效能感，促进学生运动训练心理动机的形成。

第二节　运动心理技能的重要性

一、运动应激与运动动机

（一）应激概述

1. 运动应激

运动应激是指学生在训练、比赛或比赛准备过程中，因外界压力源（如比赛压力、成绩压力、对手的威胁等）产生的一系列生理和心理反应。应激反应在适当的压力下，有助于提升学生的竞技表现，使其集中注意力、激发潜力，如果应激过度，可能导致焦虑、紧张，甚至影响学生的决策和身体机能，降低表现。

2. 应激的生理反应

在面对应激源时，学生的生理系统会迅速作出反应，主要通过交感神经系统与内分泌系统进行调节。常见的生理反应如下。

（1）心率加快。

当学生面对比赛或压力时，心脏跳动加速，为身体提供更多的氧气和能量。

（2）呼吸加速。

为了提供更多氧气，呼吸频率和深度增加，有助于满足运动需求。

（3）肌肉紧张。

肌肉在准备运动时，处于高度紧张状态，有助于提升运动表现，但过度的肌肉紧张可能导致僵硬和动作失误。

（4）激素分泌。

应激反应会导致肾上腺素和皮质醇等应激激素的分泌，帮助身体快速适应高强度的运动需求。长期的过度应激可能导致这些激素的过度分泌，从而影响身体健康。

3. 应激的心理反应

应激的心理反应是指在面对压力源时，学生可能出现的情绪、思维和行为反应。常见的应激心理反应如下。

（1）焦虑。

在关键比赛或面对强大对手时，学生可能感到紧张、担忧、恐惧。这种焦虑反应可能影响注意力集中，导致技术失误。

（2）压力感。

当期望过高或自我要求过严时，学生可能会感到无法承受的压力。过度的压力感会影响自信心和执行力。

（3）抑郁情绪。

学生在训练或比赛中屡次未能达到预期目标，可能会出现挫败感或失望情绪，进而影响心理健康和运动表现。

4. 应激的认知评价

认知评价是指个体对应激事件的评估过程。学生对应激源的评价影响其应对方式和心理反应。认知评价可以分为以下几种类型。

（1）威胁性评价。

当学生认为某个情况具有威胁性时，会产生焦虑和不安。例如，面对强劲的对手，学生觉得自己无法胜过对方。

（2）挑战性评价。

如果学生将比赛或训练视为一种挑战，那么会觉得这是展示自己能力的机会，从而激发积极的应激反应和表现。

（3）无关性评价。

学生对某些压力源的反应可能较为淡定，认为这些压力不会对自己产生重大影响，从而不会产生显著的应激反应。

5. 应激的应对方式

应激的应对方式是指学生在面临应激源时，所采取的心理和行为策略。应对方式的好坏直接影响学生的应激适应性和竞技表现。常见的应对方式如下。

（1）问题聚焦型应对。

当学生面临挑战或压力时，他们会集中精力分析问题并寻找解决方案。这种方式适用于可以控制和解决的问题（如训练中的技术缺陷、比赛前的准备工作等）。

（2）情绪聚焦型应对。

当学生面临无法控制的压力源时，可以采取情绪调节的方式来应对。例如，通过深呼吸、冥想、放松等手段减轻焦虑。

（3）回避型应对。

一些学生选择回避压力源，避免面对挑战或责任。这种应对方式虽然会减轻短期压力，但是从长期来看，不利于学生的成长和心理健康。

（4）社交支持型应对。

学生通过寻求教师、队友、家人的支持缓解压力。社交支持有助于增强学生的情感安全感和自信心，减少应激带来的负面影响。

（二）运动动机对学生应激的调节

学生在运动比赛中面临应激反应是不可避免的，特别是在高水平竞技中，来自比赛压力、成绩预期和外界环境等多方面的应激源会引发情绪波动。运动动机在这一过程中扮演着至关重要的角色，通过激发和调整学生的内在动机，可以有效地调节应激反应，从而帮助学生保持最佳竞技状态。

1. 积极动机调节情绪反应

学生的情绪反应在很大程度上取决于其动机水平。如果学生对比赛充满积极动机（如对胜利的渴望、对自我突破的追求或对团队贡献的责任感），那么即使面临压力或困境，他们也能以更加积极的心态应对应激事件。学生的积极动机可以帮助他们将压力转化为动力，提升其情绪调节能力，从而在高压环境下仍能保持冷静和专注。

例如，在比赛前出现焦虑时，学生若能通过明确的目标设定，感受到积极动力带来的控制感，则能更好地应对情绪波动。积极动机的力量使学生不仅关注外部奖励，更注重过程中的成长和自我实现，从而减少外部压力带来的负面情绪。

2. 消极动机的影响

消极动机（如对失败的恐惧或过度依赖外部奖励）会加剧应激反应。学生过分担忧比赛结果或仅为了获得外部奖励而参与比赛，会因为过度关注结果而忽略了过程中的调整，从而在应激时出现情绪失控（如焦虑、紧张甚至恐慌）。这种消极情绪不仅影响心理状态，而且会产生生理反应的负面影响（如心率失控、肌肉僵硬等），最终影响竞技表现。

3. 动机与应激管理的互动

运动动机的变化能够直接影响学生应激管理策略。研究结果表明，具有较强内在动机的学生，能够更好地识别和应对应激源，采用有效的应对策略（如积极的自我对话、深呼吸等技巧），从而有效降低焦虑和压力的影响。这类学生能够更加专注于比赛中的实际表现，而非过度担忧比赛结果，这有助于提升整体竞技水平。动机较为外向或缺乏内在动力的学生可能在高压情境中产生逃避行为，甚至出现过度紧张和不自信的情绪反应。因此，教师和运动心理专家需要通过制订合理的训练目标、激励措施和心理调节方法，帮助学生增强其内在动机，从而提高他们的应激调节能力。

4. 培养学生的心理韧性

运动动机不仅能影响学生的即时应激反应，而且对学生的长期应激适应能力产生深远影响。通过系统的心理训练和动机调节，学生可以逐步培养较强的心理韧性，从容应对更为复杂和高强度的应激情境。这种韧性不仅在比赛中至关重要，而且有助于学生在运动生涯中克服伤病、竞技状态波动等长期压力源，保持持久的竞技表现。

二、学生注意力与运动动机

（一）学生注意力

学生在竞技中，注意力会影响比赛任务的完成质量，因此，应注重培养和提高学生的注意力。

1. 注意力的概念

注意力是指个体在进行认知活动时，对某一特定信息或任务的集中和专注程度。它是心理过程中的一种选择性资源，能够帮助个体在信息处理时，选择和集中注意特定目标，屏蔽其他无关的刺激。注意力不仅影响学生在比赛中的反应速度和动作精确度，而且对心理调节、策略执行等方面起着决定性作用。

2. 学生注意力的培养

学生的注意力不仅是天生的能力，而且可以通过针对性的训练得到改善和提升。培养学生的注意力主要包括以下几个方面。

（1）提高专注能力。

通过冥想、呼吸训练、心理调节等方法增强学生在训练和比赛中的专注能力。例如，学生可以通过视觉化训练，想象自己在比赛中集中注意力，并在心理上强化这种专注感。

（2）注意力转移训练。

在复杂的运动场景中，学生需要时刻调整注意力的焦点。例如，在高强度比赛中，学生需要在数秒内将注意力从一个动作转到另一个动作，或从进攻转到防守。通过模拟比赛情境进行注意力转移训练，可以帮助学生提高应对突发情况的能力。

（3）场景模拟。

通过模拟比赛环境中的各种刺激（如观众的噪声、裁判的判决等），帮助学生提升在压力下保持注意力的能力。通过多种复杂情境的训练，学生可以屏蔽外界干扰，专注于自身的表现。

（4）自我监控和反思。

学生应培养自我观察和反思的习惯，定期评估自己的注意力状态。可以通过记录训练中的注意力分配情况、反思训练时的表现等方式来进行。学生通过自我调节改善自己的注意力集中和分配能力。

（5）定期休息与调整。

长期的高强度训练和比赛可能导致学生的注意力疲劳。因此，在训练和比赛过程中，合理安排休息时间、适时进行恢复训练是保持高效注意力的关键。

（二）运动动机对运动注意力的调配

在竞技运动场上，学生经常会出现注意力不集中的现象，通过对运动动机水平的激发，可以提高学生在比赛中的注意力，因为较高的运动动机水平可以让学生更加集中注意力，更加专注于自己在比赛场上的表现，全身心投入到比赛中去，发挥出自己的运动能力和竞技水平，取得良好的运动成绩。

三、学生的自信心与运动动机

（一）运动自信

1. 运动自信的概念

运动自信是指学生对自己在运动表现中的能力和成就的信任与信心。它是一种内在的心理状态，体现了学生对自己技能、力量、战术执行等各方面能力的认可与相信。运动自信不仅是对自我能力的简单肯定，还包括对面对挑战和压力时自我应对能力的高度信任。

运动自信通常随着学生对自己能力的不断验证而逐渐增强。自信的学生能够在比赛中保持冷静、稳定发挥，在面对困难和挫折时，能够积极调整心态，努力克服困难，最终实现自我突破。

2. 运动自信与运动表现

运动自信对学生的表现具有显著的影响。学生的自信心影响其在比赛中的心理状态，从而影响其竞技表现。

（1）积极心态。

学生自信时，会更加乐观、积极地面对比赛中的挑战，从而更好地调动自身潜力，发挥出色。

（2）抗压能力。

自信的学生更能在比赛中保持冷静，尤其是在关键时刻，能够在压力下做出理智决策，不容易因为外界压力或自我怀疑而表现失常。

（3）错误恢复力。

自信的学生在比赛中遇到失误时，能够迅速恢复，不会因此消极或动摇，而是继续集中精力应对接下来的挑战，保持高水平表现。

（4）战术执行。

自信的学生更容易执行教师制定的战术策略，因为他们相信自己的能力能够实现战术目标。

3. 运动自信的培养策略

运动自信并非一蹴而就，而是一个长期培养的过程。教师和学生可以通过以下方法有效提升自信心。

（1）设定可实现的小目标。

通过设定明确、可实现的小目标，学生可以逐步取得进步，增强自我效能感。每次达成目标，都会增强学生的信心。

（2）强化积极自我暗示。

学生可以通过自我肯定的语言或思维，增强对自己能力的认同。例如，在训练中使用"我可以做到"这样的积极语言，帮助自己保持积极心态。

（3）逐步提高挑战水平。

适当增加训练或比赛的难度，通过面对并克服新的挑战，学生的自信心会得到提升。挑战水平的逐步提高能够帮助学生实现自我超越。

（4）成功经验的积累。

回顾并强化过去的成功经验（尤其是在困难环境下取得的胜利），可以帮助学生建立对自我能力的坚定信念。这些成功经验能够作为未来面对新挑战时的心理资源。

（5）心理训练和放松技巧。

通过心理训练（如冥想、可视化训练和放松技巧等方法），学生可以减轻比赛前后的紧张情绪，增强自我调节能力，进一步提高自信心。

（6）积极反馈与支持。

教师和队友的鼓励与支持非常重要。正面的反馈能够强化学生的自信感，负面的反馈可能削弱其自我肯定。教师应及时提供激励和建设性的反馈，帮助学生提高自信感。

（二）运动动机对学生自信心的维持

在运动场上，学生保持一定的自信感，对取得比赛的胜利非常关键，较强的自信心有助于学生发挥出自己的运动水平。通过及时调动学生的运动动机水平，让学生更加清晰地认识自己的能力，明确自己的运动目标，有利于提高学生的自信感，使其更好地参与到比赛中去。因此，运动动机对学生自信感的维持尤为重要。

第三节　体育运动损伤的心理致因与康复

一、体育运动损伤发生的心理致因

（一）运动损伤的发生与心理因素的关系

运动损伤的发生并不仅仅是生理或环境因素的结果，心理因素在其中也扮演着至关重要的角色。心理状态直接影响学生的运动表现、注意力集中程度、动作协调性及对疼痛和疲劳的耐受力，从而间接影响运动损伤的发生。学生在比赛和训练中的情绪、压力管理、焦虑水平等都可能成为运动损伤的潜在风险因素。例如，心理紧张或焦虑时，学生可能过于紧绷，动作不自然，反应迟缓，容易发生扭伤、拉伤等损伤；而在过度自信或过度放松的情况下，学生可能忽视潜在的危险，导致运动时不注意动作的精确性和安全性，增加损伤风险。此外，心理压力和情绪波动也可能导致学生对身体信号的忽视，从而使其继续进行运动，导致进一步的损伤。

（二）影响运动损伤发生的心理因素

1. 焦虑和紧张情绪

学生在比赛和训练中经历的焦虑、紧张或压力，可能导致身体的肌肉紧张、注意力分散、运动协调性差，进而增加运动损伤的风险。焦虑情绪可能使学生过度担心比赛结果，导致在动作执行时过于急躁，进而增加事故发生的概率。

2. 心理疲劳与过度训练

心理疲劳与生理疲劳一样，是影响学生表现和健康的重要因素。长时间的心理压力积累可能导致学生的注意力下降、反应迟钝、判断力和决策能力减弱，从而增加损伤的风险。心理疲劳往往伴随生理疲劳一起发生，而学生在感到心理疲劳时，难以意识到身体的真实状况，从而增加伤害发生的概率。

3. 自我期望与过度自信

学生的自我期望过高或过度自信可能导致其高估自己的身体承受能力，忽视身体的警告信号。为了超越极限、追求更好成绩，学生超负荷训练，忽视适当的恢复和休息，增加损伤的可能性。

4. 情绪波动与情感压力

学生的情感压力（如生活中的情感问题、家庭矛盾等）会对运动表现产生不利影响。当情感问题和情绪波动没有得到有效调节时，学生无法专注于训练或比赛，导致动作执行上的失误，增加运动损伤的发生概率。

5. 缺乏自我意识与感知

学生对自己身体状况的认知是防止运动损伤的关键。学生缺乏自我感知，忽视身体的疲劳或伤痛信号，可能导致不恰当的训练或比赛行为，造成运动损伤。此外，自我意识较弱的学生可能在训练中采取不安全的动作，增加受伤的概率。

6. 动力缺乏与低自尊

动力不足或低自尊心的学生可能对自己缺乏信心或动力，不注重训练过程中的动作规范和身体保护，容易采取草率的行为，造成运动损伤。缺乏对自我的积极认同和动力支持，可能导致学生在训练和比赛中的自我保护机制不足。

7. 心理创伤与应激反应

学生经历过心理创伤或长期处于高压环境中，可能在未来的训练或比赛中表现出过度的应激反应。当学生经历过严重的心理创伤后，可能对某些动作或情境产生过度的应激反应，导致其在执行某些动作时过度紧张、失误，从而增加发生运动损伤的风险。

二、体育运动损伤的心理评估方法

运动损伤的心理评估是指运用多种手段和方法获得有效信息，对受伤学生心理特征做全面、系统和深入的客观描述的过程。

（一）心理评估的作用

心理评估在体育运动损伤康复中扮演着至关重要的角色。它不仅帮助专业人员了解学生的心理状态、情绪反应和认知偏差，而且为康复过程提供个性化的指导和干预策略。有效的心理评估能够帮助学生识别和管理应对损伤的心理压力，调整其对康复的期望和信念，减少焦虑和沮丧情绪，促进康复进程。

具体来说，心理评估的作用体现在以下几个方面。

1. 了解学生的心理状态

心理评估可以帮助医生或康复专家了解学生在受伤后可能存在的情绪问题（如焦虑、抑郁等），从而有针对性地进行干预。

2. 优化康复计划

根据评估结果，制订出更符合学生心理需求的康复计划。通过调整学生的心理状态，促进身体恢复。

3. 提高康复依从性

通过评估，了解学生的心态，及时调整心理干预，增强学生参与康复的积极性和坚持性。

4. 预测康复进程

心理状态良好的学生通常能更快速有效地恢复，心理评估可以帮助预测其康复的速度和效果。

（二）常用的心理评估手段

1. 自我报告量表

自我报告量表是最常见的一种心理评估工具，学生通过回答一系列标准化的问题，提供有关其心理状态、情绪、焦虑和压力水平等方面的信息。常见的量表有学生心理应激量表（SAS）、学生焦虑量表（STAI）等。

2. 临床访谈

临床访谈是指通过与学生的一对一访谈，了解学生的个人背景、受伤原因及康复过程中的心理反应等。临床访谈可以深入挖掘学生的情感和心理状态，提供更加个性化的评估。

3. 行为观察

行为观察是指观察学生在康复过程中的情绪波动、社交行为和训练态度等。行为观察可以帮助康复专家了解学生的实际心理状态。

4. 心理测试

心理测试是指通过标准化的心理测试（如抑郁测试、焦虑测试、人格测试等）对学生的心理健康状况进行系统评估。测试可以提供客观的心理健康指标，帮助识别学生潜在的心理问题。

5. 生理监测

生理检测是指结合生理指标（如心率）评估学生的心理反应。例如，压力过大时，学生的心率会升高，皮肤电反应（GSR）也会发生变化。

（三）心理评估的具体内容

1. 情绪状态

评估学生是否存在焦虑、抑郁、情绪波动等问题，这些情绪因素可能影响学生的康复进程。

2. 应对方式

了解学生在面对伤病时的心理应对策略（如是否倾向于积极应对、回避应对或否定应对）。积极的应对方式有助于康复，回避或否定的应对方式可能延缓康复时间。

3. 自我效能感

自我效能感是学生对自己能否成功康复的信心和预期。高自我效能感有助于学生积极参与康复过程，低自我效能感可能导致康复依从性差。

4. 社会支持

社会支持对学生的心理康复至关重要。评估学生的社会支持网络，包括家人、朋友、教师等。

5. 动机水平

评估学生恢复的动机强度和目的，是否有足够的动力去完成康复训练。

6. 疼痛感知

评估学生对疼痛的感知和接受度。过度的疼痛感知可能影响学生的康复进程，适当的疼痛感知可以提高康复效率。

（四）心理评估的注意事项

1. 个体化评估

每名学生的心理状态和需求不同，评估应根据个体的情况进行调整，避免使用过于统一或机械的评估工具。

2. 隐私与保密

在进行心理评估时，要尊重学生的隐私，所有心理评估数据和结果必须严格保密，并且仅限于和学生康复相关的专业人员知悉。

3. 多维度综合评估

心理评估应结合学生的生理状况、训练进度和社会支持等多方面的因素进行综合评估，避免单一的心理评估过于片面。

4. 定期评估与调整

心理评估不是一次性工作，应定期进行，随着学生康复进程的不同，评估内容和重点也应相应调整。

5. 客观与主观结合

既要注重学生自我报告的主观感受，也要结合专业的评估工具和方法，确保评估结果的准确性。

第四节　运动心理技能训练的方法与策略

一、心理技能训练之行为干预训练

（一）放松训练

1. 放松训练概述

放松训练不仅是消除压力的一个有效手段，而且深刻影响学生的生理与心理状态，甚至在长期训练中帮助塑造学生的整体心理素质。从心理学角度来看，学生的焦虑、紧张和压力会导致生理反应的过度激活（如心跳加速、肌肉紧张、呼吸急促等），这些不适的生理反应会直接影响运动表现的发挥。因此，通过系统的放松训练来调节生理与心理的平衡，已成为现代体育心理学训练的重要组成部分。

2. 自生放松练习

自生放松练习由德国精神病学家约翰内斯·海因里希·舒尔茨（Johannes Heinrich Schultz）提出。舒尔茨在 20 世纪 20 年代开始研究自生训练。他基于印度瑜伽的放松法，结合言语暗示手段，形成了这一训练方法。1932 年，他首次发表了相关研究成果。该方法强调通过自我暗示和想象来放松身体和心灵，帮助个体减轻压力和紧张感。

自生放松不仅仅是外部的物理放松，它的核心思想是通过自我暗示调节心理反应。自生放松强调对自身身体状态的自觉控制，而不是通过外部干预来放松。通过深呼吸、意象引导、体感体验等手段，学生能够逐步学会如何调节自己的生理与心理状态，获得放松、集中和恢复。

自生放松的训练过程通常分为以下几个步骤。

（1）初期训练。

开始时，学生要在一个安静的环境中进行自我暗示练习。学生通过沉浸在一系列身体感觉的体验中（如放松感、沉重感、温暖感等），学生逐渐意识到自己的身体状况并通过控制呼吸引导身体逐步放松。

（2）深度放松。

训练的目的是让学生进入一个自我放松的状态，通过集中注意力在自我感知上，感受肌肉的松弛与舒适，减少身体紧张感。

（3）建立条件反射。

训练的一大关键是建立身体与心理之间的条件反射。通过不断地训练，学生可以将放松状态和特定的感官信号（如深呼吸或特定的意象）联系起来，使身体自动进入放松状态。

（二）注意训练

由于比赛中的干扰因素较多，学生的注意力是否集中，直接影响其在比赛中的表现。因此，注意力的训练不仅有助于提高学生在关键时刻的表现，还能帮助其管理压力和焦虑，避免外部干扰。

注意力训练的具体方法多种多样，下面是几种常见的练习。

1. 五星练习

五星练习是一种通过感官刺激来提升学生注意力集中度的训练方法。该练习的主要目的是帮助学生在高度紧张的情境下保持持续的专注力。

（1）选择一个安静的环境，学生站或坐直。

（2）通过五种感官来提高注意力：视觉、听觉、触觉、嗅觉和味觉。

（3）每当学生感知到某种刺激（如看到一个物体、听到一个声音、感受到某种触感等），他们需快速做出反应，并将注意力集中在此感知上。

（4）训练的关键是提高学生对周围环境细节的感知力，能迅速调整注意力的焦点。

2. 纸板练习

纸板练习用于提高学生的视觉注意力和反应速度。通过这种方法，学生可以训练自己对快速变化的视觉刺激的反应能力，提高在比赛中的快速决策能力。

（1）准备一块上面有不同颜色或数字的纸板，纸板上有一定的图案或数字排列。

（2）学生要站在一定的距离外，教师迅速变换纸板的内容（如颜色或数字）。

（3）学生必须根据变化快速做出反应（如喊出纸板上的数字或颜色，做出相应的肢体反应）。

（4）通过提高训练的难度和纸板的变化频率，逐步提升学生的视觉注意力。

3. 记忆练习

记忆训练与注意力训练密切相关，学生在比赛中，不仅要对当前任务保持注意力集中，而且要迅速记住重要的信息（如战术、比赛规则、对手动向等）。记忆练习有助于提高学生的专注力和信息处理能力。

（1）教师给学生一组数字、字母或图形（5~7项）。

（2）学生需在短时间内记住并复述这些内容。

（3）随着练习的开展，教师可以增加要记忆的内容或缩短记忆时间，增加练习的难度。

4.发令练习

发令练习的目的是提高学生在听到信号后的反应速度，并在瞬间做出正确的反应。发令练习不仅有助于提高学生的听觉注意力，而且能帮助其在比赛时迅速调整状态和做出反应。

（1）教师发出多种声音信号（如口令、哨声等），每种信号代表不同的行为指令。

（2）学生需根据听到的信号立即做出相应动作（如起跑、停止、转向等）。

（3）逐渐增加发令的频率和种类，提升学生对信号的敏感度和反应速度。

5.秒表练习

秒表练习主要用于提高学生的时间感知和节奏控制能力，帮助他们在比赛中准确把握时间，调整比赛节奏。此练习不仅能增强学生的专注力，而且能帮助其管理比赛中对时间的紧张感。

（1）教师使用秒表计时，学生需在规定时间内完成一项任务（如跑步、跳跃、投掷等）。

（2）在练习中，学生需根据秒表的提示调整自己的节奏，确保在规定时间内完成任务。

（3）教师可以逐步缩短任务的完成时间，要求学生在规定时间内完成任务。

6.实物练习

实物练习通过引入实际运动器材或道具，提高学生的视觉注意力和反应能力。这种练习模拟了比赛中的实际情景，帮助学生在面对实际比赛设备时，保持高效的注意力。

（1）教师准备实际运动器材（如球类、标志物、道具等）。

（2）学生需根据不同的器材特征做出相应的反应。例如，看到一个球快速飞来时，学生需要快速判断并做出反应。

（3）随着练习的进行，增加器材的种类和变化频率，要求学生快速适应不同的设备和任务。

（三）生物反馈训练

1. 生物反馈训练的概念

生物反馈训练是一种心理训练技术，通过仪器设备实时监测并反馈身体内部状态的生理数据（如心率、呼吸频率、皮肤电反应、肌电活动等）。学生通过这些反馈信息，能够感知到身体内部的变化，并借此进行自我调节。该训练能够帮助学生学会如何调整生理和心理状态，以达到最佳的运动表现。

生物反馈训练的核心理念：通过外部设备提供实时生理反馈，帮助个体学习如何控制和调节生理反应。

2. 生物反馈训练方法的实施

生物反馈训练方法的实施通常包括以下几个关键步骤。

（1）选择适当的生物反馈设备。

生物反馈训练通常使用专门的设备来监测并反馈生理数据。常见设备如下。

①心率监测仪。用于测量心跳频率，帮助学生调节和控制心率的变化。

②肌电图（EMG）。用于监测肌肉活动，帮助学生放松过度紧张的肌肉。

③皮肤电反应。监测皮肤电导的变化，通常与焦虑和压力水平相关，帮助学生放松。

④呼吸频率监测器。帮助学生调整呼吸节奏，缓解紧张情绪。

（2）生物反馈的反馈机制。

生物反馈训练的关键在于实时反馈信息的呈现。学生在每次进行练习时，设备会将相应的生理数据反馈给学生，通常以图形或声音的形式呈现。例如，若学生的心率过快，设备会以声音或视觉图像提醒学生调整呼吸或进行放松练习。当生理状态恢复正常时，反馈信号会消失，提示学生成功调节了身体状态。

（3）结合训练目标。

在生物反馈训练过程中，学生和教师会根据训练目标设计个性化训练内容。例如，学生需要通过调整呼吸或心率应对高强度训练或比赛中的压力。通过实时反馈，学生可以意识到身体的反应并进行及时调整，从而提高自我调节能力。

（4）渐进式练习。

生物反馈训练是一个渐进的过程，通常从较为简单的生理反应开始，例如学习如何在压力情境下控制呼吸和心率。随着训练的深入，学生逐步学习如何控制更多复杂的生理反应（如肌肉张力或皮肤电反应）。在这个过程中，学生需要逐渐提高对身体变化的觉察力，并学会通过调整认知和行为调节生理状态。

（5）心理调节的结合。

生物反馈训练不仅是生理层面的调节，而且要结合心理调节。通过生物反馈，学生能够感知自身的紧张、焦虑或压力等，并学会通过深呼吸、冥想或其他心理技巧来放松身心。研究结果表明，学生能够通过生物反馈训练有效地集中注意力、减轻焦虑反应、增强自信心，从而提升比赛中的心理素质。

（四）模拟训练

1.模拟训练的概念

模拟训练是一种通过模仿实际比赛或运动场景的方式，帮助学生提高心理适应能力和技术水平的训练方法。其核心理念是通过还原或重现实际情境中的各种挑战和应激因素，使学生在没有实际比赛压力的情况下，提前进行应对和练习。模拟训练不仅关注运动技术和战术的掌握，而且注重学生在比赛中的心理调节与应对能力的培养。

模拟训练可以通过虚拟现实技术、情景重现、模拟器等手段实施，也可以通过在训练中引入比赛的节奏、环境和压力，模拟真实比赛的情境。

2.模拟训练的作用

（1）提高心理适应性。

模拟训练通过模拟比赛的压力和挑战，帮助学生在训练中提前适应比赛情境，降低比赛时的焦虑和紧张感。学生在模拟情境进行自我调节，能更好地应对比赛中的压力。

（2）增强情境应变能力。

通过多种不同场景和情境的模拟，学生可以锻炼在变化多端的比赛中做出快速反应的能力（如战术调整、临场决策等）。

（3）提高技术熟练度。

模拟训练不仅限于心理调节，而且涉及技能的训练。通过在模拟比赛中重复练习，学生可以提高技术动作的稳定性和熟练度，在高压环境下保持表现稳定。

（4）加强自我认知与反思。

模拟训练为学生提供了一个自我评估和反思的机会。通过回顾模拟训练的表现，学生能够更清楚地了解自己在真实比赛中的优缺点，进行针对性改进。

3. 模拟训练的具体方法

模拟训练的内容非常广泛，在训练中应从比赛情况和学生特点出发，确定具体采用何种训练方法。

模拟训练具体方法如下。

（1）情景模拟。

情景模拟是将学生置于模拟的比赛场景中，通过模拟对手、比赛环境、气氛等因素，帮助学生进行心理和技能上的适应。例如，在足球训练中，可以设置与比赛实际环境相似的场地、氛围，安排模拟比赛的进程，促使学生习惯比赛中的压力和不确定性。

（2）虚拟现实（VR）模拟训练。

虚拟现实模拟训练结合现代科技，通过虚拟环境重现真实比赛场景，为学生提供一个完全沉浸式的训练体验。学生可以通过虚拟现实设备参与模拟比赛，面对不同的竞争环境和情绪压力，从而提升反应速度、决策能力及战术执行力等。

（3）压力情境模拟。

在模拟训练中，通过人为施加压力或挑战（如设定紧张的时间限制、增加比赛时的体力消耗、模拟不利的比赛局面等），迫使学生在压力下做出决策并进行有效应对。这种训练方式能有效提高学生在关键时刻应对压力的能力。

（4）任务重建训练。

任务重建训练通过将比赛中的具体任务、战术动作和目标拆解并逐一进行训练，模拟训练过程中的每个环节。例如，打篮球的学生可以模拟传球和接球、突破等关键动作，逐步进行实战演练，提升技术的精细化程度和战术执行力。

（5）反思与视频反馈。

通过模拟训练后的回顾与视频分析，学生可以对自己的表现进行深入分析，发现问题并制订改进方案。教师可以利用录像回放，帮助学生观察在模拟训练中出现的心理反应和决策情况，从中提取有益的经验教训，进一步提升学生的表现。

（五）系统脱敏训练

1. 系统脱敏训练原理

系统脱敏训练是一种通过渐进式暴露和放松技巧相结合来减少个体对特定情境或刺激的焦虑或恐惧反应的心理治疗方法。其核心理念源于经典条件反射理论，假设个体对某些刺激产生的负面情绪或行为是通过过去的经验所建立的条件反射。系统脱敏的目的在于循序渐进地让这些刺激得以呈现并结合放松技巧，消除或减少负面情绪反应，帮助个体适应这些情境，进而改善心理状态和行为反应。

2. 系统脱敏训练的程序

系统脱敏训练的程序通常包括以下几个步骤。

步骤一：放松训练。在脱敏训练的开始阶段，学生需要学习有效的放松技巧。放松训练帮助个体放松全身肌肉，降低生理上的紧张感。常见的放松技巧包括深呼吸、渐进性肌肉放松（PMR）等。学生通过放松训练增强对身体紧张反应的自我调节能力。

步骤二：情境阶梯构建。在掌握放松技巧后，教师会与学生一起构建一个"焦虑情境阶梯"。这个阶梯将不同的焦虑情景按照从轻到重的程度排列。可以从最不引起焦虑的情境开始（如观看比赛视频、听比赛的声音），到最引起焦虑的情境（如实际的比赛现场、面对观众的压力等）。

步骤三：暴露训练。学生将在放松的状态下逐步暴露于这些情境中。训练的顺序从较为简单的情境开始，随着学生对这些情境的适应，逐步提高情境的复杂度和挑战性。例如，首先让学生想象自己正在参加比赛并感受其中的压力，其次让学生模拟在训练场上比赛的实际情境，最后到真实比赛中的情境。

步骤四：巩固和应用。学生在较低级别的情境中表现得放松且不再感到焦虑时，教师会逐步加大情境的挑战性。最终，学生能够在面对高压力情境时保持冷静和放松，不会被情绪左右。通过不断地训练和巩固，学生会将这种技能应用到实际比赛中，并且能够较好地调节自己在比赛中的心理状态。

在各步骤的暴露过程中，学生需要保持放松的状态，意识到自己并不需要感到焦虑，慢慢地减少这些情境带来的负面情绪反应。

二、心理技能训练之认知干预训练

（一）暗示训练

暗示训练是一种通过内在的心理暗示调节情绪、提高专注力和应对压力的技巧。通过语言或内心的积极自我暗示，个体可以改变对特定情境的看法和反应，提升心理韧性。在高校体育教学中，教师可以通过正向暗示帮助学生建立对运动的信心，减少运动中的焦虑感。例如，在学生面临高难度训练或比赛时，适时的暗示能够增强其心理抗压能力，帮助其在关键时刻发挥最佳水平。

（二）表象训练

表象训练是通过想象、视觉化的方式预演某一动作或情境，从而改善技能表现和心理状态。这种方法可以通过激活大脑对实际运动的模拟，帮助学生更好地理解运动技巧和战术。在高校体育教学中，教师可以利用表象训练帮助学生在脑海中形成运动动作的清晰画面，增强运动表现的流畅度，减少比赛或训练时的紧张感。尤其适用于提升学生的技术动作、战术决策及赛前心理准备。

（三）认知训练

认知训练旨在通过改变个体的认知方式，提升其在运动中的思维清晰度、反应速度及解决问题的能力。在高校体育教学中，认知训练有助于学生更快地分析比赛形势、做出决策和调整战术。通过不同的思维训练（如情景模拟、案例分析等），教师可以帮助学生培养快速反应与决策的能力，增强其在实际运动中的适应性。此外，认知训练还能帮助学生在面对失败和压力时，保持积极的心态，减少消极情绪对表现的影响。

（四）念动训练

念动训练是一种将专注力与自我控制能力结合的训练方法，目的是通过精神集中和内在意识的调控增强动作的精准性与稳定性。在高校体育教学中，念动训练帮助学生通过冥想、深度集中等方式，将注意力聚焦于运动过程中的关键点，从而提高技术动作的准确性和反应速度。通过训练学生的专注力，可以有效减少外部干扰，提升训练效果。

第四章 高校体育教学的内容构建与优化

第一节 体育教学内容概述

一、体育教学内容的概念和发展

体育教学内容的多样性与复杂性，使其在实际教学中承担了更加丰富和多层次的教育功能。其独特性可以从两个主要方面进行解析：首先，体育教学内容不同于其他学科内容；其次，体育教学内容与竞技运动内容虽然存在交集，但是其目标与运用却有显著差异。

（一）体育教学内容与其他学科的区别

体育教学内容具有鲜明的实践性和身体性，区别于其他学科（如语文、数学、英语等）内容。体育教学内容以身体活动为核心，强调通过运动、技能学习和身体锻炼等方式实现教育目标。这些内容不仅是知识的传授，而且注重学生身心的全面发展。体育教学目标通常围绕提升学生的身体健康、运动技能、团队合作精神及应对挑战的能力展开，依赖于实践、体验和运动项目的亲身参与。与其他学科依赖理论知识传授不同，体育教学内容的呈现是通过身体实践的方式，使学生在实际操作中获得技能、感悟和成长。

（二）体育教学内容与竞技运动内容的区别

虽然体育教学和竞技运动都涉及运动项目，并且许多运动项目在两者之间存在交集，但它们的目的和应用方式却大有不同。体育教学的核心目标是培养健康、合格的公民，强调身体素质和身心健康的全面提升。其重点在于通过多元化体育活动来促进学生的身体健康，发展运动技能，培养他们的团队协作能力与社会适应能力。

竞技运动更多关注提高学生的竞技水平和获得优异的运动成绩。其内容和训练更为专业化、精细化，旨在突破运动项目的极限要求，追求技能的标准化与高效能表现。竞技运动中的训练内容更加专注于某一特定项目的深度训练，强调高水平的体能要求、技能精准度及竞赛成绩的提升。

（三）体育教学内容的组织与调整

体育教学内容的多样性和实践性决定了其在选择、加工、组织和教学过程中的复杂性。教师在进行体育教学内容安排时，需要根据学生的身心发展需求、教学目标及社会教育要求进行灵活调整。例如，在一个多学科整合的体育课程中，教师需要根据学生的年龄特点、运动能力及社会发展趋势，对教学内容进行必要的组织和设计，确保每名学生都能在多样化的体育活动中获得合适的挑战和成长空间。

体育教学内容的组织要考虑教学条件的实际可行性（如场地、器材的配置、时间安排等）。为了充分满足学生的多元化需求，教师在组织教学内容时，还需兼顾不同学生的兴趣点、体能水平和认知发展，制订出具有层次性、针对性的教学计划。

二、体育教学内容的特点

体育教学内容不仅承载着体育教学目标实现的任务，而且在实际教学过程中展现出独特的特点。以下是体育教学内容的主要特点。

（一）体育教学内容的功能具有多样性

体育教学内容的功能不限于提升学生的身体健康，它还具有广泛的教育功能。首先，体育教学内容有助于提升学生的体能（如力量、耐力、柔韧性等）。其次，体育教学内容能够促进心理健康，帮助学生缓解压力、增强自信、培养团队精神等。最后，体育教学内容通过各种运动技能，提升学生的运动能力和解决实际问题的能力，培养学生的社交技巧和合作意识。因此，体育教学内容的功能涵盖了生理、心理、社会等多个层面，是一项全面促进学生发展的教育活动。

（二）体育教学内容的更新速度较快

随着社会的发展和科技的进步，体育教学内容呈现出快速更新的趋势。例如，随着新型运动项目的兴起，体育教学内容中逐渐加入了新的项目和技巧。同时，人们对运动健康的认识不断深化，新的运动理念和方法（如运动康复、功能性训练等）不断融入体育教学内容中。此外，随着教学模式的转变和学生需求的变化，体育教学内容不断适应新的教育理念，以更好地满足学生的兴趣和身心发展需求。

（三）体育教学内容之间是一种平行的关系

体育教学内容中的各个部分并非简单的线性关系，而是具有平行性。例如，在学习某项运动技能时，学生不仅要掌握基本的动作技巧，而且要通过团队合作、比赛规则等方面的学习全面理解和应用这项运动。体育教学内容之间的平行关系表现在它们既各自独立又相互联系，共同促进学生的全面发展。例如，耐力训练、灵敏性训练和力量训练是并行推进的，在不同阶段可以相互补充和交替进行，这使体育教学内容不仅丰富多彩，而且能够通过多角度的切入，促进学生能力的综合提升。

（四）每种体育教学内容被赋予的教学任务不同

不同的体育教学内容承担着不同的教育任务，因此，在具体教学中有不同的侧重点。例如，基本的体能训练类内容主要任务是提升学生的身体素质，技术性运动项目的教学注重技能的掌握与应用。在一些特定的体育活动中，教学任务更多集中在培养学生的团队合作精神、领导力或创新思维。不同体育教学内容所赋予的任务差异化，使教师在教学过程中需要根据内容的特点调整教学策略和方法，以最大化地促进学生的全面发展。因此，体育教学内容的任务设置不仅取决于运动项目本身的特性，而且要结合学生的实际发展需求和社会的教育目标。

三、体育教学内容的选择依据和原则

（一）体育教学内容的选择依据

在进行体育教学内容的选择时，需要根据多个因素进行综合考虑。以下是体育教学内容选择的主要依据。

1. 以"健康第一"为指导思想

"健康第一"是体育教学内容选择的核心指导思想。体育教学应当以促进学生身体健康、增强体质为出发点，确保学生在锻炼中获得健康的身心发展。因此，教学内容应重点关注提升学生的身体素质，强化基本的运动能力，推动学生通过运动增强免疫力、改善心肺功能及提高协调性等。任何体育活动和体育教学内容的选择，都应始终遵循这一健康原则，以满足学生长远的身体健康需求。

2. 以实现体育教学目标为宗旨

以实现体育教学目标为宗旨，整个教学过程需精心雕琢。从课程设计伊始，便依据学生身体素质、兴趣差异，量身定制多元项目，激发参与热情。课堂中，注重动作示范精准，耐心引导纠错，用科学训练方法提升体能。课后，组织趣味竞赛巩固成果，收集反馈优化教学。通过全方位努力，让学生在强身健体的同时，掌握运动技能，培育坚韧品格，真正达成体育教学的育人目标。

3. 遵循学生的身心发展规律

选择体育教学内容时，要紧密结合学生的身心发展特点。不同年龄段和发展阶段的学生在生理结构、认知能力、运动技能等方面存在差异，因此，教学内容必须符合学生的生长发育规律。

4. 了解学生的兴趣爱好和发展需求

学生的兴趣和需求是选择体育教学内容的重要依据。只有在了解学生兴趣爱好的基础上，才能更好地激发他们参与体育活动的积极性。通过调查和观察，教师可以掌握学生对于不同运动项目的偏好，以及他们的运动水平和特长，从而有针对性地安排教学内容，满足学生个性化发展需求。例如，对于热衷于篮球的学生，可以适当增加篮球技能的训练内容；对于热衷于舞蹈或健身的学生，可以多安排与这类活动相关的内容。

5. 结合不同地区和学校的实际教学条件

不同地区、不同学校的条件和资源差异，往往会影响体育教学内容的选择。在一些设施完善的城市学校，可以开展多种高水平的专项训练（如游泳、网球等）；在条件较为简陋的学校，需要根据实际情况安排更符合当地环境的教学内容。例如，乡村学校更多侧重于田径、篮球等不需要太多特殊设施的运动项目。根据学校的场地、设备及师资等实际情况，教师应灵活安排教学内容，使其既能充分利用现有资源，又能为学生提供丰富多样的锻炼方式。

（二）体育教学内容的选择原则

1. 教育性原则

教育性原则强调体育教学内容应当具有教育意义，不仅是技能的传授，而且应注重培养学生的体育精神和综合素养。体育教学内容要能够促进学生身心全面发展，培养他们的道德品质、团队合作意识和自律能力等。同时，体育教学内容应帮助学生树立正确的运动观念和健康的生活方式，使其在日常生活中能够形成积极向上的体育价值观和行为习惯。因此，体育教学内容的选择不仅要考虑技能的培养，而且要融入思想道德教育和人格塑造。

2. 科学性原则

科学性原则要求体育教学内容应遵循科学的教育理念和运动生理学、运动心理学等学科的基本规律。要适应学生的身心发展特点，遵循体育活动的教学规律，并结合体育学科的前沿理论进行内容选择。例如，对于不同年龄段、不同能力层次的学生，应选择适宜的运动项目和训练方法，避免过高强度或不适合学生发展的体育教学内容。科学性原则还体现在体育教学内容应当以科学的评估体系来衡量其效果，通过准确的评估与反馈来调整体育教学内容。

3. 趣味性原则

趣味性原则强调体育教学内容要具有足够的吸引力和趣味性，能够激发学生参与体育活动的积极性和兴趣。趣味性不仅能够有效缓解学生在体育活动中的疲劳感，而且能够增强学生的主动参与意识，促进其身心健康的长久维持。教学内容应避免单一和枯燥，更多地通过游戏、趣味性较强的运动项目和活动形式，吸引学生的注意力，增强课堂的互动性和参与度。趣味性可以帮助学生更好地享受体育活动，从而提升他们的自信感和成就感。

4. 实效性原则

实效性原则强调所选的体育教学内容应具有明确的实践效果，能够在学生的运动能力、身体素质和心理素质等方面产生实际改善效果。选择的体育教学内容要有清晰的训练目标和评估标准，使学生能够在相对较短的时间内看到进步，进而激发其更强的学习动力。实践中，教师需要根据学生的能力和进步情况灵活调整体育教学内容的难度和训练强度，确保每名学生都能够在其能力范围内达到预期的效果，避免教学内容过于简单或复杂。

5. 民族性与世界性原则

民族性与世界性原则要求体育教学内容既要符合我国的文化背景和体育传统，又要紧跟全球体育教育的趋势和发展。在教学内容中，应融入我国传统体育项目和特色活动，以增进学生对本民族文化的认同感和自豪感。同时，教学内容也应国际化，关注全球体育的流行趋势和发展动态，帮助学生了解不同国家和地区的体育文化，拓宽他们的视野和认知边界。通过这种方式，可以使学生既有本土文化的根基，又能适应全球化发展的需求。

第二节　体育教学内容的特性、分类和层次

一、体育教学内容的特性

体育教学内容具有一系列特性，这些特性决定了体育教学的独特性和不可替代性。以下是体育教学内容的主要特性。

（一）实践性

体育教学内容的最显著特性是实践性，强调学生在实际运动中学习和掌握技能。不同于理论课程，体育教学内容通过身体活动的实践培养学生的运动能力和健康素养。每个教学环节都要求学生通过实践来掌握运动技能、提高体能和身体素质。实践性使体育教学内容具有很强的直观性和可操作性，学生能够在参与的过程中真实地感受和体验学习成果。

（二）娱乐性

体育教学内容兼具娱乐性，能够让学生在享受运动带来的乐趣中不断进步。通过设计富有趣味性的体育活动，激发学生参与的热情，使其在轻松愉快的氛围中掌握运动技能并培养体育兴趣。娱乐性不仅能够提高学生的参与度，而且能够缓解学习压力，使学生在愉悦的环境中培养终身体育的意识和兴趣。

体育课程的趣味性也是吸引学生积极参与、保持体育活动持续性的关键因素之一。

（三）健身性

健身性是体育教学内容的核心特征之一，所有体育活动和教学内容都必须有助于学生身体素质的提升和健康水平的改善。体育教学通过各种运动形式帮助学生增强体质，改善心肺功能、肌肉力量和柔韧性等身体素质。健身性不仅指单纯的体能训练，还包括通过运动改善学生的生活习惯和健康意识，提高生活质量。

（四）开放性

开放性特征表现在体育教学内容的广泛性和灵活性上。随着社会的发展，新的运动形式和项目不断涌现，体育教学内容也应具备一定的开放性和创新性。教师可以根据实际情况、学生兴趣及社会需求，灵活地选择和调整教学内容，充分发挥学生个性化发展潜力。同时，体育教学内容也强调跨学科的开放性，能够结合文化、艺术、科技等领域的元素，拓宽学生的视野和综合素质。

（五）层次性

体育教学内容具有层次性，不同年龄段、不同基础的学生需要不同的教学内容和训练方法。初学者应从基础的运动技能和简单的身体训练开始，逐步过渡到更为复杂的技能和高强度的训练。随着学生能力的发展，体育教学内容需要层层递进，逐步提高难度和强度，确保学生在教学过程中不断获得挑战，并在不同阶段获得适宜的成长和进步。这种层次性设计能够帮助学生在各个阶段得到充分锻炼和发展。

（六）约定性

体育教学内容具有一定的约定性，是指在体育教学活动中，某些内容和方法被社会、教育体系和运动项目普遍接受和认同。每项体育活动、运动项目都有一定的规则和标准，教师在教学过程中需要遵循这些约定，帮助学生理解和掌握运动的基本规则、技巧及其规范要求。约定性保障了体育教学内容的稳定性和规范性，也确保了学生在运动中能够正确理解和遵守基本的运动规范，提高学习的效率和效果。

二、体育教学内容的分类

对体育教学内容进行分类的目的是梳理教学内容体系，使教学内容更加清晰，进而对体育课程和教学目标的实现发挥更强的载体作用。在我国体育教学理论和实践的研究中，体育理论专家、学者对体育教学内容的分类做出了有益的探索。

（一）体育教学内容分类的要求

在制定和分类体育教学内容时，需要遵循一系列基本要求，以确保教学内容的科学性、适应性和有效性。

1. 符合社会发展的需要

体育教学内容的分类应当与社会发展的需求紧密结合，反映时代背景下的健康理念、社会文化及运动趋势。随着社会对健康、竞技和娱乐的需求不断变化，体育教学内容应与时俱进。例如，在现代社会中，健康教育日益受到重视，体育教学内容需要加强学生对身体健康的认识和实际操作能力，特别是提升学生的运动健康素养，以应对"现代生活方式病"的挑战。此外，随着科技进步，数字化体育、智慧体育等新兴领域逐渐成为体育教学的新方向。

2. 符合体育学科的本质

体育学科具有强烈的实践性、运动性和育人功能，因此，体育教学内容分类必须从体育学科的本质出发，注重运动技能的培养、体能的提升及心理素质的增强。在分类时，应根据不同类型的体育项目、训练目标及学生的年龄和发展需求划分教学内容。例如，可以根据体育项目的类别（如球类、田径类、体操类等）进行分类，也可以根据教学目标（如提高健康、增强体能、促进心理发展等）进行分类。此类分类既有利于明确教学重点，也有助于教师在体育教学过程中进行针对性设计。

3. 符合学生的要求

体育教学内容分类应充分考虑学生的兴趣、需求及其身体发展特点，因材施教，激发学生的学习动力。不同年级、不同能力水平的学生在生理、心理、技能掌握等方面具有不同的特点，因此，体育教学内容分类要根据学生的学习要求和发展需要进行调整。

（二）我国体育教学内容的分类

1. 依据人体基本活动能力分类

依据人体基本活动能力分类强调根据人体在运动中表现出来的基本活动能力确定体育教学内容。主要包括走、跑、跳和投掷等基础运动技能。通过这种分类，体育教学内容有助于学生在不同的生理和运动水平上全面发展，从而提高学生的运动能力和协调性。基础能力训练不仅能够增强学生的体能，而且能够为后续更复杂的运动技能和项目打下基础。

2. 依据身体素质分类

依据身体素质分类强调根据身体素质的不同需求划分体育教学内容。身体素质是指人体在运动和日常生活中表现出来的体能水平，主要包括力量、速度、耐力、灵敏度和柔韧性等。在体育教学中，针对不同年龄段和身体素质的学生，教师可以选择性地组织相应的体育训练内容（如提升学生的柔韧性，增强耐力、力量等）。此种分类有助于提高学生的整体身体素质，促进其全面发展。

3. 依据运动项目分类

依据运动项目分类，涉及的运动项目种类繁多，涵盖个体运动、团体运动、竞技性运动和休闲运动等。每种运动项目都有其独特的技术和技能要求，体育教师会根据学生的兴趣、水平及教学目标选择合适的项目进行教学。例如，田径、球类、游泳、武术和体操等，都是依据运动项目分类进行的体育教学安排。此分类帮助学生在掌握基本运动技能的基础上，进一步进行专项技术的训练与比赛。

4. 综合交叉分类

综合交叉分类是将多个分类方法结合起来，形成更加灵活且针对性强的体育教学内容。通过这种分类方式，体育教师能够根据学生的具体需求，跨领域地选择体育教学内容。例如，将身体素质的提升与某一专项技能的训练相结合，既能促进学生体能的全面发展，又能针对特定运动项目进行训练。这种方式有利于克服单一分类带来的局限性，能够提供更加丰富和多样化的体育教学内容。

（三）体育教学内容分类的作用

对体育教学内容进行分类的目的是对内容进行科学整理，使内容与教学目标之间无缝对接，实现教学目标、方法等的相互贯通，更清晰地向体育教师传达体育教学课程和教学内容的目的，从而指导体育教学的开展。由此可见，体育教学内容的分类和整理在体育教学过程中起着非常重要的作用。

（四）体育教学内容分类的注意事项

1. 体育教学内容分类要服从教学目标

体育教学内容分类应紧密围绕教学目标进行，确保每类内容都能够有效地服务于学生的身心发展和学习需求。例如，在培养学生身体素质、运动技能和团队协作能力的过程中，教师应根据教学目标调整内容的选择。这样不仅可以提升教学效果，而且能帮助学生在学习过程中达到更高的认知和技能水平。

2. 体育教学内容分类要具有科学性

体育教学内容分类必须遵循科学性原则，依据学生的年龄特点、身体发育规律、心理需求及教学的具体要求合理分类。科学分类有助于教师根据学生的实际情况选择合适的教学内容，避免内容选择不当影响学生的学习效果或兴趣。

3. 体育教学内容分类要具有阶段性

体育教学内容分类要具有阶段性，这对教学成效起着关键作用。在基础阶段，应侧重简单且普适的项目（如广播体操、基础跑步等），帮助学生初步建立运动习惯与身体协调性。在过渡阶段，适当增加难度，引入篮球、羽毛球等球类基础技巧教学，提升学生运动技巧与反应能力。在高阶阶段，则聚焦专项训练（如短跑的爆发力提升、跳远的技术雕琢等），满足学生个性化发展需求，助力其不断突破自我。

4. 体育教学内容分类应为教学实践服务

体育教学内容分类应为教学实践提供具体指导，确保每项教学内容都能与实际的教学活动相结合。教师在分类时，应考虑实际教学环境、学生的兴趣及学校的资源条件，使体育教学内容不仅具有理论意义，而且能在课堂上得到顺利实施。例如，缺乏运动设施的学校，体育教师需要根据实际情况选择简单的户外活动或室内运动作为主要的体育教学内容。

5.要明确体育教学内容的选编原则

在进行体育教学内容的选编时，教师应明确内容选择的原则（如教育性原则、科学性原则和趣味性原则等）。体育教学内容应围绕学生的需求和能力进行选择，同时考虑社会需求和体育项目的普及性。选编内容时，教师需充分考虑教学目标、学生发展阶段和兴趣点，以确保内容的多样性与针对性。

6.了解和掌握体育校本教材

每所学校的体育教学内容可能有所不同，教师需要掌握和了解本校的体育校本教材。校本教材通常根据本校学生的具体情况、体育设施及教学资源制定。因此，了解并掌握校本教材有助于教师在实际教学中选择合适的教学内容，使其更符合学生的需求和学校的教学特色。

7.研究和了解体育教案

教师在进行体育教学内容分类时，需要了解和研究体育教案。体育教案不仅是教学的蓝图，也是课堂活动的指南。通过研究和了解体育教案，教师能够准确把握教学重点、难点和实施策略，从而更好地进行体育教学内容的设计与组织，确保教学活动的顺利进行。

8.了解和掌握体育教学条件

在选择和分类体育教学内容时，教师必须了解和掌握学校的体育教学条件（如场地、器材、师资力量等）。不同的体育教学条件直接影响体育教学内容的选择和组织方式。例如，缺乏体育设施的学校可能无法进行大型球类比赛或水上运动项目的教学，教师应根据实际情况，调整教学内容，选择更适合的活动形式来保证教学目标的实现。

三、体育教学内容的层次

（一）身体活动

身体活动是体育教学内容的基础层次，主要通过各种形式的身体运动促进学生的身体健康和体能发展。这一层次的内容包括但不限于走、跑、跳等基本动作技能的练习，旨在通过实际的身体活动增强学生的身体协调性、柔韧性、耐力和力量等基本身体素质。该层次的教学不仅关注学生的身体能力提升，而且注重学生身体的适应性发展，帮助学生形成持久的运动习惯。

（二）运动技能

运动技能是体育教学内容的核心层次，是指学生通过系统的练习和训练，掌握各种运动项目的技术要领与动作模式。这一层次不仅包括传统的球类、田径、游泳等运动技能的训练，还应涵盖如何通过有效的动作规范和战术理解提高运动表现。通过运动技能的教学，学生能够在体育活动中获得更高的参与感和成就感，同时能增强其解决实际运动问题的能力。

（三）运动文化认知

运动文化认知层次的教学旨在通过引导学生了解体育背后的文化、历史、精神与价值，使他们能够在体育活动中培养正确的态度与价值观。这包括学习体育的历史背景、传统体育项目的文化内涵及体育精神的传承。通过此层次的教学，学生不仅能提高对体育的认知，而且能在精神和价值观层面获得成长。

（四）安全教育、集体教育与个体差异

体育教学内容中的安全教育旨在通过教授学生有关运动过程中的安全常识与防护措施，预防运动损伤并确保学生的身体健康。此外，集体教育在体育课堂中具有重要意义，它强调学生在团队合作中的角色、责任和相互协作。参与集体项目能帮助学生提高社交能力、领导力和团队意识。个体差异要求教师在教学中充分考虑每名学生的身体素质、兴趣爱好和发展需求，为不同的学生量身定制教学内容，从而实现因材施教，确保每名学生都能在体育活动中获得成长。

第三节　高校体育课程与教材的选用

一、体育课程与教材的选用原则

选择教材时，首先要以学校体育教学的总体目标为导向，同时考虑体育教材内容的科学性、灵活性和多样性，以满足不同学生群体的需求。此外，教师应强调体育教材的开放性和创新性。优秀的体育教材不仅能够帮助学生掌握基础知识和技能，还要引导学生独立思考、探索和创新。例如，应培养他们的创新精神和解决问题的能力。在现代体育教育中，培养学生的安全意识同样至关重要。体育教材要有助于学生了解安全运动的原则和方法，增强他们的自我保护意识。在纵向衔接方面，体育教材应符合学生不同阶段的认知和体能发展，避免过度重复和内容的冗余。同时，体育教材要有跨学科的横向联系，帮助学生将体育学习与其他学科知识结合起来，拓宽他们的视野。此外，体育教材内容还应注重继承和发扬传统体育文化，同时吸收现代体育文化的先进理念，打造具有时代特色的教育体系。

一般来说，体育课程和教材的选择应具有如下特点。

（一）突出健身性

健身性是体育教学的核心目标之一。选择体育教材时，必须优先考虑其健身价值，确保体育教材能够有效促进学生的身体健康和综合素质的提升。

1. 要考虑体育教材的健身价值

体育教材应当为学生提供能够提高身体素质、增强体力和耐力的内容，促进心肺功能、肌肉力量和协调性等方面的锻炼。选用的体育教材不仅要覆盖基础的体育技能训练，而且要结合有氧、无氧和柔韧性等多维度的健身要求，确保学生在实践过程中达到提升身体健康的目标。

2. 要考虑体育教材对心理的影响

体育活动不仅是身体锻炼的途径，还是心理调节的重要手段。选用的体育教材应当关注心理健康，激发学生的参与兴趣，减少运动中的焦虑和紧张情绪，增强自信感和自我效能感。此外，体育教材内容应帮助学生建立积极的运动心态，培养他们的抗压能力、团队协作精神和沟通能力等心理素质，以实现身心的全面健康。

3. 要考虑体育教材的优化功能

选用的体育教材不仅要具有提升学生体能的功能，而且要在提升运动技能、合理安排运动负荷和增强运动效果方面具有优化作用。体育教材中的运动项目、训练方法和教学策略等，都应有助于学生逐步掌握科学有效的运动技巧，从而达到最优化的训练效果，避免运动伤害的发生，提升运动表现和健康水平。

（二）注意文化性

体育教材不仅是技能和体能训练的工具，还应融入丰富的体育文化内容。通过体育教材的选择和设计，引导学生了解不同体育项目背后的历史、文化及其所承载的精神价值，增强体育教育的文化内涵。体育教材应帮助学生理解体育精神和体育道德，尊重体育中的公平竞争和规则精神，同时传承和发扬各类优秀传统体育文化，使学生在运动中获得更多的文化认同感和归属感。

（三）增强娱乐性

体育教学不仅注重技能和体能的传授，而且注重趣味性和娱乐性。体育教材应包含丰富多样的运动项目、游戏化的教学方法和互动性强的训练模式，使学生在愉悦的氛围中增强运动兴趣，从而提高课堂参与度。增强娱乐性有助于减轻学生的学习压力，提升课堂气氛，使学生更加愿意参与体育活动，保持长期的运动习惯。

（四）具有典型性

选择体育教材时，要确保其内容具有典型性和代表性。体育教材中的运动项目、训练方式、示范动作等应涵盖广泛的基础知识和技能，符合学生的学习需求和实际水平，既要具备通用性，也要考虑各类项目的典型性。例如，在教授体育技能时，应选择具有普遍适用性和高效训练效果的动作和技术，以保证教材能够全面反映体育教学的核心内容。

（五）讲究实用性

体育教材的选用要紧密结合学生的实际需求和体育课程的教学目标。体育教材内容应具有实用性，易于操作和实践，不仅能满足学生基本的运动需求，还能提高他们在日常生活中的运动能力和身体健康水平。体育教材应关注如何通过简单而有效的训练，帮助学生在有限的时间内获得最大化的效果，从而具备能够长期自我锻炼的能力。

（六）体现时代性

随着社会的发展和体育科学的进步，体育教学也应不断更新和优化。体育教材内容应符合时代的发展趋势，注重科技、信息技术和运动医学等领域的最新成果，以科学的方法提高体育教学的质量。例如，随着智能设备和运动追踪技术的普及，体育教材可以引入现代科技工具，帮助学生实时监控运动表现，提供数据分析支持，进而提升他们的运动能力和健身效果。

（七）保持材料呈现形式科学性

体育教材内容不仅要科学合理，呈现形式也应当符合教育心理学和教学法的要求。其呈现形式的科学性表现在教材编排上，要注重循序渐进的教学逻辑，使学生能够逐步掌握复杂的运动技能。同时，体育教材中的图表、图片、视频等辅助手段要精心设计、直观清晰，帮助学生更好地理解和掌握动作要领，确保学习过程高效且不失趣味性。

二、体育教材化

（一）体育教材化的概念

体育教材化是指将体育课程内容系统化、结构化并编撰成具体的教学资源，使之成为学校教育过程中可供教师使用、学生学习的正式教材。体育教材化的过程不仅是对教学内容的整理和总结，而且是对体育教育目标的深刻理解和实践应用。它将体育教学的理念、方法、技术和知识等要素有机整合，形成符合教学大纲要求的标准化教材，便于教师根据学生的实际情况进行教学组织和管理。

（二）体育教材化的意义

1. 规范教学内容

通过将体育教学内容编撰成教材，确保每一项体育教学内容都符合教学目标且具有科学性和系统性。体育教材能够为教师提供标准化的教学参考，确保各学校、各地区、不同教师之间教学内容的一致性，避免教学内容的随意性和片面性，确保教育质量。

2. 促进教育公平

统一的体育教材可以确保不同地区、不同学校的学生在体育教育过程中享有平等的教育资源。尤其在教育资源匮乏的地区，标准化的体育教材能提供一致的体育教学内容，使学生能够获得与其他地区学生同等的体育教育机会。

3. 提供系统化学习

体育教材化能够将零散的体育知识和技能整合成有序的学习模块，帮助学生在一个循序渐进的体系中掌握体育知识。通过体育教材化的课程设置，学生能够在每个阶段接收到最合适的训练内容，形成连贯的知识体系，从基础到高级逐步提升。

4. 提升教学质量

体育教材化能够提升教师的教学水平和课堂教学效果。教师不再依赖于零散的资料和模糊的教学思路，而是有了明确的教材和具体的教学方案，能够更有效地组织课堂，保证教学过程的连贯性与科学性。体育教材中提供的案例、练习及反馈机制能帮助教师优化教学策略，更好地促进学生的发展。

5. 增强学生学习兴趣

通过体育教材化，体育教材内容不仅注重运动技能的传授，而且注重体育文化和心理素质等方面的教育，形成了多元化的体育教学内容。这种多元化的体育教材形式，能够更好地激发学生的学习兴趣，鼓励学生在体育课上主动参与，积极探索，从而形成终身参与体育活动的良好习惯。

6. 促进体育教育理论与实践相结合

教材不仅总结了体育教育的理论基础，还将这些理论与实际体育教学内容结合，使学生能够在实际的运动训练中更好地理解和应用体育理论，从而实现知识的转化和提升。

（三）体育教材化的两个基本层次

1. 编制体育课程标准和编写教科书

体育课程标准是指由教育主管部门根据国家的教育方针和体育教学需求，制定出的一套规范性文件，明确了体育教育的总体目标、教学内容、教学方法及评估标准等。编制体育课程标准的目的在于统一各地区、各学校的体育教育目标，确保不同学校的体育教育在大方向上保持一致。

教科书的编写是在课程标准的基础上进行的。它将课程标准的具体要求转化为适合教学实践的教材内容，并按学段、年级进行科学分级。教科书的编写不仅要考虑教学内容的科学性，而且要考虑学生的接受能力、兴趣特点及教师的教学需求。教科书是体育教材化的核心产品之一，它将标准化的课程内容、教学策略以及教学方法系统地呈现出来，为体育教学提供直接的教学资源。

2.根据课程标准和教科书把教材变成学生的学习内容

教材不仅是教师的教学工具，而且是学生直接参与学习和理解的内容。因此，教材的转化过程需要注重学生的认知水平、兴趣需求和学习方式，确保教材的内容能够有效吸引学生，促进其知识吸收和技能掌握。

这一过程要求教师在教学中灵活运用教材，通过具体的教学活动和学习场景将教材内容转化为学生的实际学习体验。教师要根据不同学生的特点和实际情况，对教材内容进行适当的调整和引导，使学生不仅理解和掌握体育知识和技能，而且能够在实践中体验和应用这些知识。教材的这一转化功能，实际上是教学内容与学生学习的结合，它需要教材内容具备一定的可操作性和灵活性，同时需要教师有足够的专业判断力和教学设计能力。

三、体育教科书

体育教科书的形式主要包括体育课本、体育教学指导用书等。体育教材是进行体育教学活动不可缺少的要素，作为体育教材载体形式的课本、体育教学指导用书等具有多种用途与用法。

（一）体育课本

体育课本是直接面向学生的教材，它将体育课程标准中的教学目标、内容、方法及评估标准等内容转化为适合学生理解和学习的形式。体育课本的编写要以学生为中心，结合学生的认知发展水平和兴趣爱好进行设计，确保内容通俗易懂，形式生动有趣。体育课本不仅是知识的传递工具，也是学生体育素养提升的重要载体。体育课本通常包括以下几个方面的内容。

1.运动技能与技巧

介绍各种运动项目的基本技能和技巧，帮助学生掌握体育锻炼的方法。

2.体育知识

体育知识包含运动生理学、运动营养学、运动安全等知识，让学生对体育有全面理解。

3. 健康教育

健康教育注重身体健康和心理健康的培养，通过正确的生活方式与健康习惯的传播，促进学生整体素质的提升。

4. 体育文化

体育文化包含体育历史、体育精神和体育道德等内容，增强学生的体育文化认同感。

5. 实践活动

设计丰富的体育活动和课外练习，通过实践使学生的体育知识得到提升。

（二）体育教学指导用书

体育教学指导用书是为教师提供教学支持的工具书。它的主要功能是帮助教师理解和掌握教材内容，设计合理的教学活动，选择适合的教学方法并实施有效的课堂管理。与学生的课本不同，体育教学指导用书更注重教学策略的提供和对教师专业发展的促进，其主要内容如下。

1. 教学内容解读

详细说明教材中每一部分的教学目标、重点和难点，帮助教师准确理解和传达课程内容。

2. 教学设计与方案

提供具体的教学设计建议，包括每节课的教学目标、教学步骤和课堂活动安排等，帮助教师合理安排教学进度。

3. 教学方法与策略

介绍不同体育项目的教学方法（如讲解示范、分组训练、互动反馈等），为教师提供多样化的教学手段。

4. 评估与反馈

提供关于学生学习成果评估的建议（如体能测试、技能考核、课堂参与度等方面的内容），帮助教师有效评估学生的学习成效。

5. 教学反思与调整

鼓励教师在教学过程中进行自我反思，及时调整教学策略，以更好地满足学生的学习需求，提升教学质量。

第四节　高校体育教学内容的优化

一、体育教学内容资源的挖掘与开发

（一）体育教学内容资源的挖掘

对高校体育教学内容体系的构成及内容框架有了一定的了解后，体育教学内容的挖掘主要是在整个体育教学内容体系内进行的，具体教学内容的挖掘主要从传统、创新两个方面进行，具体分析如下。

1. 引入传统体育运动项目内容

传统体育运动项目承载着丰富的文化底蕴，是体育教育的重要资源之一。将这些传统项目引入现代体育课堂，可以培养学生对本土文化的认同感，并促进学生对传统体育技艺的掌握。传统体育运动项目有较强的价值性和技巧性，能够帮助学生提高身体素质、增强团队协作意识。

（1）武术。通过学习武术，学生可以提高身体的柔韧性、协调性及力量，武术中的哲学思想能够帮助学生培养专注力和自律性。

（2）民族体育。例如，跳绳、踢毽子等项目具有很强的趣味性和参与感，能够增强学生的运动兴趣。

（3）传统球类。例如，羽毛球、乒乓球等在我国有着广泛的群众基础和历史背景，引入这些项目有助于提高学生的竞技能力和反应速度。

通过引入传统体育项目，不仅能够丰富体育教学内容，而且能够帮助学生传承和弘扬优秀的体育文化。

2. 引进新兴体育运动项目

随着社会的发展和体育观念的变化，许多新兴体育项目开始崭露头角。这些新兴体育项目的引入，能够有效激发学生的兴趣并满足现代学生多元化的体育需求。它们大多具有较强的娱乐性、创新性和互动性，能够吸引更多的学生参与其中。

（1）极限运动。例如滑板、攀岩、蹦极等，不仅能锻炼学生的勇气、体力和耐力，还能培养他们面对挑战的心态。

（2）团队运动。例如飞盘、棒球等，具有很强的团队合作性和竞技性，能够帮助学生建立团队精神、提高协作能力。

（3）电子竞技。虽然电子竞技更多是以虚拟形式呈现，但是它与现实中的体育项目一样，需要一定的反应能力、战术思维和团队协作，已逐渐成为现代高校体育课程的一部分。

（4）健身操、瑜伽、普拉提等健身类运动，不仅有助于提高学生的柔韧性和力量，还能缓解学习压力，促进心理健康。

引进新兴体育项目，不仅可以满足学生多样化的兴趣爱好，而且可以提高学生的运动参与度，帮助他们更好地享受体育锻炼的乐趣。

（二）体育教学内容资源的开发

1.传统课程内容优中选优

在高校体育教学中，传统课程内容的保留对于学生的身心健康发展起到了积极作用。为了适应时代发展和学生的多元需求，教师可以从传统课程中选择合适的知识和技能部分，优化教学内容。同时，鼓励教师创新教学模式、方法和组织形式，可以有效提高师生参与度，并且促进教学效果的提升。高校应为教师提供足够的教学内容选择自由空间，使其能够结合个人特点，创造出更符合学生需求的教学内容。

2.基于上级课程文本的拓展

上级课程文本是指国家教育行政部门规定的课程和教学内容，它体现了国家的意志，是专门为未来公民接受基础教育之后应达到的共同体育素质而开发的体育课程和教学内容。上级课程文本具有导向性和政策性。具体的教学内容拓展操作方法如下。

（1）参考上级课程文本，丰富教学内容。

上级课程文本对下级地区课程文本具有引导性和指导性作用，为下级课程教学提供框架、方向及具体建议。地方、学校和体育教师应根据具体的教学条件，灵活地选择、优化和补充教学内容，同时可以去除不合适的体育运动项目。通过这种方式，体育教学内容既能符合上级课程标准，又能结合本地和学校的实际情况，确保教学的适应性与有效性。这种灵活调整不仅能提升教学质量，而且能更好地满足学生的需求和兴趣。

（2）基于上级课程文本规定，对教学内容进行恰当修改。

从课程内容的结构角度来看，我国体育教学课程文本对教学内容的规定具有宏观性，这赋予了地方和学校相当大的自由度。在这一框架下，上级课程文本对于教学内容的选用标准并没有过于严格的规定，允许地方和学校根据具体情况灵活调整。这种灵活性不仅为高校体育教育工作者（特别是一线教师）提供了更多选择空间，而且促进了地方特色和教学创新。

具体而言，高校体育教师在选用教学内容时，应依据上级课程文本的指导思想与核心精神，确保整体教学思路和目标与上级标准一致。然而，在具体教材的细节安排上，教师可以根据本校的教学需求和实际条件进行适当修改。例如，可以通过加入本地特色的运动项目或根据学生兴趣调整内容，以便更好地服务于学生的身心发展。此外，在选择和补充教学内容时，教师应充分考虑统一教材的要求，确保整体教学内容符合上级文本的范围与目标，并与学校的教学资源和条件相适应。

（3）改进传统体育教学内容。

随着社会的不断发展，体育教学目标也在不断调整和更新，以更好地服务于社会对人才的需求。因此，体育教学内容必须与时代发展相适应，及时进行更新和调整，以确保其内容的科学性、时代性和适用性。对于传统的体育教学内容，若其不再符合现代社会的需求或不符合学生的实际情况，应进行适当的改造和创新，去除过时的部分，融入更具时代特征的元素。

在新时期，体育教学内容的选择必须考虑到多重因素的变化。这不仅包括学生的身心发展需求和学校的实际教学条件，而且应结合社会发展趋势、科技进步和体育文化的多样性。因此，体育教师在设计和选择具体的教学内容时，需根据学校的实际情况、学生的兴趣和需求，进行合理的取舍与调整。例如，可以引入更多符合现代社会精神文化的体育项目，强调娱乐性、创新性和文化性等维度，使体育教学内容不局限于技能和体能训练，还涵盖团队合作、心理调节和文化传承等方面。

（4）尝试社会新兴运动的教学。

在当今社会，随着人们健康意识的提高和体育运动项目的多样化，体育教学内容也应与时俱进，积极适应学生群体的兴趣和需求。新时期的学生在体育运动的选择上，偏好与以往相比发生了很大的变化。因此，体育教学内容的选择应充分考虑学生的个性化需求和兴趣，注重激发学生的参与热情。

然而，体育教学内容的创新不应盲目跟风，尤其是在引进国外流行的运动项目时，不能片面追求崇洋心理。虽然国外一些体育项目具有较高的流行度和趣味性，但我们应始终关注并发扬我国传统的民族体育项目。我国具有悠久的体育文化，多民族的背景也赋予我们丰富多彩的传统体育项目，这些项目不仅富有民族特色，还具备很高的体育教育价值。对当代大学生来说，学习这些民族特色体育项目，不仅能体验不同的体育魅力，而且也能加深他们对本土文化的认同与理解。

在选择体育教学内容时，体育教师应理性对待新兴体育项目的引入，避免单纯为了求新而忽视实际操作性和适用性。新兴运动项目的引入应建立在可操作性、可实施性及学生兴趣的基础上，确保这些项目能够融入教学实践并有效提高学生的身体素质和团队协作能力。同时，在借鉴和引入国外体育项目时，应注重对传统民族项目的保护和传承，让学生在多样化的运动中获得全面的成长。

二、高校体育教学内容的优化策略

（一）面向广大普通学生，改变教材中过浓的竞技色彩和落后的思想观念

1.技术教学方面

高校体育教学内容的技术教学不应过于偏重竞技技术和高水平技能的培养。普通学生的体育课程应注重普及性、基础性和多样性，使每名学生都能通过体育课程享受运动的乐趣并且增强体质。因此，在技术教学中，应更多关注运动技能的基础性训练和技能掌握的过程，而非追求高难度的竞技技能。

在优化技术教学内容时，应做到以下几点。

（1）普及性。强调适合大多数学生的运动技能，避免设置过于专业或高难度的训练内容。

（2）基础性。注重基础的身体素质和运动技能训练，尤其是对协调性、灵活性、柔韧性等方面的锻炼，保证所有学生都能通过体育课程获得全面的身体

发展。

（3）多样性。鼓励通过多样化的运动形式帮助学生发掘兴趣点，使学生不仅能掌握基础技能，而且能体验不同类型的体育项目，增强体育课程的吸引力。

2. 考核方面

高校体育教学中的考核体系往往存在过度注重竞技水平和技术表现的问题。这种考核方式容易使一些基础较差、体育兴趣不高的学生产生畏惧心理，影响他们对体育课程的参与度。因此，考核内容应更加多元化，避免单一的竞技性评分标准。

在考核方面的优化策略如下。

（1）过程性考核：将学生的进步和努力作为考核的重要标准，注重学生在体育课程中的参与度、态度和学习过程，而非仅仅评判竞技成绩。

（2）综合素质评价：在考核中加入身体素质、心理健康、团队合作和运动意识等多维度的评价标准，使学生的体育综合素质得到全面评估。

（3）个性化考核：根据学生的身体条件和运动基础设立适合的考核标准，避免"一刀切"的竞技化评定。

3. 应试教育

长期以来，应试教育的影响使部分高校体育教学内容仍然存在过多的技术性要求，过于注重学生是否能在短时间内掌握某一技术，而忽视了体育课程的健康教育功能。在此背景下，体育教学内容的优化需要摆脱过于注重应试的观念，转而关注学生的身心发展和健康提升。

针对这一问题，优化策略具体如下。

（1）调整教学目标：将体育课的目标从单一的应试转向学生综合素质的发展，重视学生身体健康、心理健康和社交能力的提升。

（2）增加健康教育内容：加入健康生活方式、营养、心理健康等相关内容，提升学生对体育课的兴趣和认知，帮助他们养成终身运动的习惯。

（3）强调运动参与感：鼓励学生在课堂中积极参与各种体育活动，而不仅仅是为了达到某种标准而进行学习，摒弃"达标"式的教学方式，转向"全员参与、兴趣驱动"的教学模式。

（二）树立"全人发展"和"求知创新"的思想，贯穿终身体育这条主线

随着社会对个体综合素质要求的提升，体育教育不再单纯聚焦于竞技技能和体能训练，而是要从"全人"的角度促进学生的全面发展。体育教学的核心理念应从传统的竞技成绩导向转变为"终身体育"和"全人发展"，关注学生的身体健康、心理发展和社会适应性等方面的全面提升。

1. 树立"全人发展"的体育教育理念

"全人发展"是指通过体育教学全面促进学生的身心发展，尤其是情感、社会交往和价值观等方面的成长。在这一理念指导下，体育教育不仅关注身体素质的提高，而且注重学生的情感体验、心理发展和社会适应能力的培养。这一理念的实践体现在以下几点。

（1）身心健康的均衡发展。体育课程应帮助学生在提高身体素质的同时，注重学生心理健康。运动中的情感体验和团队合作能有效提升学生的自信感、情绪管理能力和社会交往能力。

（2）培养团队精神和社交能力。通过团队竞技项目，学生能够在实践中体验合作与竞争，培养团队协作精神、领导力和集体责任感，这对于他们日后的社会生活和职场发展具有重要意义。

（3）价值观的引导与塑造。体育活动中的公正竞争、尊重规则、面对挑战时不轻言放弃等，有助于学生树立正确的世界观、人生观和价值观。

2. 树立"求知创新"的教学理念

"求知创新"在高校体育教学中的应用，是将体育教育的传统内容与创新精神结合，推动体育教学理念和内容的不断发展和变化。教师不仅要传授知识和技能，还要激发学生的兴趣、创造力和探索精神，从而为学生提供更多的体育知识和经验，培养其终身体育的意识。具体体现在以下几个方面。

（1）教学内容创新。鼓励教师在教学中引入新兴的体育项目、科技辅助的运动方式和跨学科的体育知识，使学生在传统体育项目的基础上，接触到更多样化的体育活动，激发学生探索新事物的兴趣。

（2）教学方法创新。改革传统的教学方法，结合现代教育技术，运用数字化工具、虚拟现实、增强现实（AR）等科技手段，提高体育教学的互动性、

趣味性和有效性。

（3）学生主动探索。激发学生的创新意识，鼓励他们自主选择兴趣领域并进行深入学习。通过提供多样的课程形式，培养学生的自主学习能力和创新思维。

3. 终身体育的核心理念

终身体育是指人们在不同的年龄段和生活阶段，始终保持良好的体育活动习惯，形成健康、积极、可持续的体育生活方式。高校体育教学的最终目标是培养学生终身参与体育活动的意识，使其理解体育不仅仅是大学时期的任务，而是伴随一生的必要实践。因此，教学内容和教学方法应围绕以下几个方面展开。

（1）培养终身运动的意识。通过体育教育，让学生认识到体育活动对身体健康、心理调节及提高生活质量的重要性，从而养成终身参与体育活动的习惯。

（2）个性化和差异化教学。根据学生的身体条件、兴趣爱好和实际需求，提供个性化的教学内容和建议，帮助学生选择适合自己的体育项目。

（3）鼓励学生参与社区或社会组织的体育活动。不限于校园内的体育课程，鼓励学生在毕业后继续参与社区、社会及各类兴趣小组的体育活动，做到真正的终身体育。

（三）体育教学内容体系创新

1. 重视体育和健康教育相结合

"健康第一"的理念强调体育教育在学生全面素质提升中的核心作用，不仅聚焦于身体健康的提升，而且关注心理素质的培养。通过体育锻炼，学生能够增强体质，同时提升坚韧的意志力、团队协作能力和积极的竞争意识。此外，体育教育还应通过塑造学生的情感认知（如尊重、包容和责任感），促进其社会交往能力的提升。"健康第一"的理念有助于学生形成终身锻炼的习惯，并认识到体育活动对个人身心健康的长远意义。

2. 加强高校体育教育体系的构建

为适应现代社会对高素质人才的需求，高校体育教育应转变传统的单一模式，培养学生更加全面的能力。体育教育不仅要关注学生的运动技能，而且应注重发展其自我认知和自我教育能力。在教学过程中，学生应从"受教育者"转变为"自我培养者"，强化自主学习和自我管理的能力。同时，体育内容要更加多样化和综合化，加入网球、羽毛球、乒乓球和保龄球等课外活动，尤其要加强终身体育的教育，帮助学生意识到体育的核心价值不仅是提升技能，而且是掌握长期健康管理的方式，促使其终身保持良好的运动习惯。

3. 竞技运动的"教材化"和健身运动项目的开发

高校体育教材的选择应充分体现多样性，这种多样性不仅来源于学生个体身心需求的差异，还体现在不同运动形式的多样性。体育教学应从学校体育教育的总体目标出发，推动竞技运动项目的"教材化"，使其不仅有助于提升学生的身体素质，而且能满足他们的心理需求。尽管竞技运动项目在体育课程中占据重要地位，但由于其特性，不能直接照搬到课堂中，因此需要进行适当的加工与改造。在高校体育教学中，竞技项目可以通过"教材化"、健身型、娱乐型或职业型的方式进行呈现，逐渐成为学生喜爱的健身新方式。健身项目和竞技项目并非相互排斥，对于那些符合学生兴趣、负荷适中且容易持续进行的竞技项目，可以融入健身体系中。因此，高校体育教学要有效平衡竞技运动和身体素质提升之间的关系，注重选择性和参与性，满足不同学生的需求。

4. 增加有助于培养学生体育能力的教学内容

从人才成长的规律来看，通常会经历"求学期"和"创造期"两个阶段，而大学教育恰恰处于这一转折的关键时刻，是学生从学习阶段向创造性活动转变的过渡期。传统高校体育教学过于集中于运动技术教学，强调运动技能的培养，忽视了体育方法的教学。这种单一的教学模式不利于学生终身体育能力的培养，也难以有效促进学生的身体健康。大学生在校期间，除了掌握基本的理论、知识和技能外，发展创造性思维和学习能力同样至关重要。因此，体育教师应当鼓励学生在探索新知识的过程中培养创造力。体育教师不仅传授技能，还要注重教学方法和学习策略的指导。通过这种方式，能够培养学生终身参与体育的能力，帮助他们在未来的生活中更加自主、健康地进行体育锻炼。

第五章 体育教学方法创新

第一节 体育教学方法分析

教学方法是教师在教学活动中采取的一系列策略和方式，涵盖了教师的教授方法与学生的学习方法。体育教学中的方法应紧密围绕学生的学习方式来设计，确保教学内容能够适应学生的认知水平和学习需求，从而提高教学的针对性和有效性。教学方法没有固定模式，关键在于找出最适合学生发展的方法。具体来说，体育教学方法的选择和应用，应基于学生的实际认知水平和发展潜力，结合学生的个体差异来进行调整。教师在这一过程中，应注重务实有效，避免形式主义，努力实现教学目标的最大化。

一、体育教学方法选择的依据

（一）依据体育教学目标选择体育教学方法

体育教学方法的选择应以教学目标为指导，确保所采用的方法能够帮助学生实现特定的学习目标。不同的教学目标（如使学生提高身体素质、掌握运动技能或培养运动兴趣）会影响教学方法的选择。例如，教学目标是提高运动技能，可以选择实践性强的教学方法；教学目标是激发学生兴趣，可以采用更具互动性和趣味性的教学方法。

（二）依据体育教学内容特点选择体育教学方法

不同的体育项目和教学内容具有不同的特性，因此，需要根据这些特点选择适当的体育教学方法。例如，团队项目（如篮球、足球）的体育教学方法可以侧重于团队合作与战术训练，个体项目（如田径、游泳）的体育教学方法应更加注重个体技巧与身体素质的培养。教学内容的复杂性、运动的性质及学习的难度等都应纳入体育教学方法选择的考量。

（三）依据学生实际特点选择体育教学方法

学生的身体素质、兴趣爱好、心理状态等，会影响其对体育活动的参与度和效果。因此，体育教学方法应根据学生的实际情况灵活调整。例如，对于体能较弱的学生，可以通过渐进式的体育教学方法，循序渐进地提高其运动水平；对于有运动天赋的学生，可以采用更高难度的体育教学方法来提升其技能水平。

（四）依据教师的自身素质选择体育教学方法

教师的专业水平、经验和教学风格会影响其选择的体育教学方法。一名经验丰富、教学技巧多样的教师会采用更具创新性的体育教学方式，而初级教师会选择更为传统和安全的体育教学方法。教师的个性、沟通能力和对学生的理解，也决定了能否有效实施不同的体育教学方法。

（五）依据教学环境条件选择体育教学方法

教学环境的条件（包括场地设施、教学资源和班级规模等）直接影响体育教学方法的选择。例如，在资源有限、场地不充足的情况下，需要采用更多的理论教学和小组合作形式的体育教学方法；在设施齐全、场地宽敞的环境下，可以更多地采用实际操作和大规模集体训练的体育教学方法。

二、体育教学方法选择应注意的问题

（一）因材施教，强调体育教学的适应性

在选择体育教学方法时，教师应根据学生的个体差异，特别是学生的身体素质、技能水平和兴趣爱好等特点，灵活调整体育教学方法。不同的学生群体具有不同的学习需求和发展潜力，教师要避免"一刀切"的教学方式，注重因材施教，确保每名学生都能在适合的体育教学方法下得到最大的发展。

（二）与教学组织形式相配合，强调体育教学的整体性

体育教学方法的选择要与体育教学组织形式密切配合，形成整体的体育教学设计。体育教学组织形式包括课堂教学、课外活动和竞赛等，体育教学方法应根据这些形式的要求进行调整。例如，在小组合作或集体活动中，教师可以采用团队协作型体育教学方法；在个别辅导时，可以选择个性化的指导方法。

（三）以学生健康为目标，强调体育教学的发展性

体育教学的根本目的是促进学生的全面健康发展。因此，体育教学方法选择应围绕学生身心健康的全面发展，强调长期性和渐进性。特别是在健康教育方面，体育教学方法应注重培养学生健康的生活方式、正确的运动理念及锻炼习惯的养成。体育教学不仅要关注学生的运动技能，而且应关注他们对健康和运动的理解和实践能力。

（四）注意学生的非智力因素培养，强调体育教学的情意性

体育教学不仅是技能的传授，而且包括学生情感、意志、态度等非智力因素的培养。在选择体育教学方法时，应充分考虑学生的情感需求，注重激发学生对运动的兴趣和热爱，培养他们的自信心、团队精神和合作意识等。同时，要注意帮助学生克服心理障碍，提升他们面对困难和挑战的心理承受能力。

（五）教法与学法统一，强调体育教学的双边性

体育教学的效果取决于教师与学生的互动。因此，体育教学方法选择要注重"教法"与"学法"的统一。教师不仅要注重教学内容的传授方式，而且要指导学生如何有效地学习运动技能，培养学生主动学习、合作学习的能力。教师应通过示范、引导和反馈等方式，帮助学生掌握正确的学习方法，使学生在教学过程中更加主动、有效地参与。

三、体育教学方法的选择与确定

（一）以语言教授为主的体育教学方法

以语言教授为主的体育教学方法主要包括讲授法和谈话法。

1. 讲授法

讲授法是教师通过言语阐述体育知识、运动技能和理论原理等内容，向学生传达信息和指导的方法。这种方法具有较强的理论性，适用于系统性较强的知识点（如运动生理学、运动心理学基础、比赛规则等）。讲授法要求教师语言简洁明了、逻辑清晰，同时结合具体的示范和实例帮助学生理解。在体育课程中，讲授法不仅帮助学生掌握基础理论，而且能提高他们对运动本质和价值的认知，促进学生理性思维的发展。

2. 谈话法

谈话法强调教师与学生之间的互动，通过问答、讨论和交流的方式，激发学生的思维和参与热情。与讲授法不同，谈话法侧重于学生主动思考、提问和反思，使学生能够在交流过程中更好地理解和吸收体育知识。这种方法在体育教学中非常有效（尤其是在技能教学和战术讨论中）。谈话法能够通过对话激发学生的兴趣和思考，引导他们自发探索运动技能的提高途径，促进学生的认知发展和思维方式的转变。

（二）以直接感知为主的方法

以直接感知为主的方法强调通过身体实践和感官体验进行教学，它的核心在于学生在实际运动过程中通过亲身体验、观察和模仿等方式，直接感知和掌握运动技能。这类教学方法强调学生通过感知、体验和反思实现对知识和技能的掌握，特别适合体育这一实践性很强的学科。

1. 示范法

示范法是通过教师亲自示范动作或技术要领，让学生直接观察、模仿的教学方法。示范法能够清晰展示技术要点、动作要领和细节，使学生能够通过直观感知理解运动技能的动作流程。特别是在教授复杂或技术性强的动作时，示范法能帮助学生更好地掌握技能。教师示范时，需要注重动作的标准性和规范性，同时鼓励学生进行反复模仿和实践，以提高他们的动手能力和运动技能。

2. 体验法

体验法是指通过让学生亲自参与并体会某项运动或技能，激发学生的主动学习和感知能力。体验法强调学生的身体参与和感觉反馈，目的是通过反复实践让学生在实际操作中发现问题并改正，达到技能掌握的目的。例如，学生在进行跑步、跳跃或投掷等基本动作时，通过体会动作的要领和技巧，理解运动中的重心、平衡和力量等要素，最终实现技能的提高。体验法强调"学中做、做中学"，让学生通过自己的身体感受，掌握技能和技巧。

3. 观察法

观察法是通过学生观察他人的表现或录像等媒介，从视觉上学习和感知动作技巧的教学方法。教师可以让学生观看高水平运动员的比赛录像或课堂中其他学生的演示，通过观察来分析技巧的要点、动作的标准和身体的协调性。观察法可以作为示范法的补充，帮助学生更好地理解运动技能的内在要素。通过观察，学生能够获取更多的经验和灵感，从而提高自己在运动中的表现。

4. 实验法

实验法是指在体育教学中，通过设置不同的教学情境或条件，让学生在实践中探索和发现问题，从而获得经验和技能。这种方法通常采用情境模拟或课外活动，学生在这种实验性的环境中体验运动带来的不同反应，从中找出解决问题的办法。实验法在一些新兴运动项目或特殊技能训练中非常有效，它可以帮助学生更好地理解技术和策略背后的原因，以及如何在不同情况下灵活应对。

第二节 体育教学技能的有效提升途径

一、导入技能的提升

体育课堂导入是体育教学中的关键环节，虽然时间短暂，但是其作用至关重要。有效的导入能够迅速吸引学生的注意力，明确课程目标，并激发学生的学习兴趣。根据新课程标准，体育教学不仅关注学生的身体健康，而且强调心理和社会适应能力的培养。因此，体育课堂导入应符合这一全面发展的理念，通过多样化的方式（如热身活动、提问或小游戏等），引导学生积极参与，确保他们能够在轻松的氛围中迅速进入学习状态。通过精心设计的导入，教师不仅能提升课堂的互动性，而且能为整个教学过程的顺利展开奠定基础。

（一）导入技能的含义

体育课堂导入是体育教学过程中的重要环节，它不仅标志着一节课的开始，而且是学生进入学习状态的桥梁。通过恰当的导入，教师可以激发学生的学习兴趣，引导学生迅速从非学习状态进入学习状态，为后续的体育教学内容做好心理准备。导入的核心在于明确课程的目标和内容，让学生在短时间内理解本节课的重点，从而有效地为学习奠定基础。通过富有吸引力的教学方式，导入可以激发学生的求知欲，使他们在接下来的课堂中更加专注，进而提升学习效果。因此，良好的导入技巧不仅能增强学生的课堂参与感，而且能提高整个课堂的教学质量。

（二）导入技能的作用

1. 集中注意力

体育课堂导入通过简洁明了的引导，可以迅速帮助学生调整状态，集中注意力。这一过程使学生从课外活动状态进入学习状态，减少课堂开始时的松散情绪，为接下来的教学做好充分的准备。

2. 明确目标

良好的体育课堂导入能清晰地向学生展示本节课的学习目标，使学生明确课程的重点与难点。通过有效的导入，学生能够提前了解学习内容，设定学习期望，提高课堂学习的针对性和效果。

3. 激发兴趣

精心设计的体育课堂导入能够激发学生的好奇心和学习兴趣。通过富有创意和吸引力的开场，教师可以吸引学生的注意力，激发他们对课程的兴趣，促使学生主动投入课堂活动中。

4. 承上启下

体育课堂导入不仅是新课的开始，也与之前的知识内容相衔接。通过导入，教师可以简要回顾上一节课的内容，将学生的思维引导到本节课的主题上，帮助学生建立新的学习框架，从而使整个教学过程更加连贯和顺畅。

（三）导入技能提升的原则与要点

1.导入技能提升的原则

导入的类型很多，在设计和实施中，只有遵循下列原则，才能导之有方。

（1）目的性。

导入部分应明确课堂的目标，帮助学生清楚了解本节课的学习重点与方向。教师在设计导入时，要根据教学目标确定其内容和方式，确保导入环节能够为学生的学习提供清晰的指引，使学生有明确的学习目标，提升课堂效率。

（2）相关性。

导入应与课程内容紧密相连，确保导入环节与学习主题之间的相关性。通过将导入内容与学生已有知识和经验联系起来，能够帮助学生更好地理解即将学习的新知识，避免产生认知上的断层，增强学生对内容的认同感和接纳度。

（3）趣味性。

导入应具备吸引学生注意的趣味性。通过生动有趣的方式（如使用情境创设、提问引导、互动游戏等手段）激发学生的兴趣，有效调动学生的学习积极性，使课堂氛围更加活跃，增强学生对课程的投入感。

（4）简洁性。

导入的内容应简洁、直接，避免冗长和无关紧要的内容。通过简洁明了的语言和表达方式，迅速让学生进入学习状态。过于复杂或拖沓的导入不仅浪费时间，而且导致学生的注意力分散，影响课堂的整体节奏。

2.导入技能提升的要点

教师在教授新课内容时，应巧妙地运用导入技能，充分考虑学生的特点，明确导入课程目标，把握导入时间，使学生尽快地投入新的学习中。

（1）导入要因人而异。

教师应根据不同学生群体的特点，设计导入环节。不同年级、不同能力水平的学生对于教学内容的接受度和兴趣点不同，教师需要灵活调整导入的方式和内容，以便最大限度地调动每名学生的学习积极性。对于基础较弱的学生，可以通过生动的案例或实际演示激发学生兴趣；对于能力较强的学生，可通过挑战性的问题引发思考，做到因材施教。

（2）导入课程目标要明确。

每堂课的导入都应明确本节课的学习目标，帮助学生清楚地了解自己将在这节课学到什么内容并预设好学习成果。通过让学生明确学习目标，能够提升他们的学习动机，强化学习的目的性和针对性，避免学生在学习过程中产生迷茫和不确定感。

（3）把握导入时间。

导入的时间不宜过长，通常控制在 1~3 分钟为宜。过长的导入不仅浪费课堂时间，而且使学生产生厌倦感。教师应根据课堂的实际情况迅速吸引学生的注意力，并在简短而有效的时间内，完成目标设定和兴趣激发，从而确保课堂节奏的顺畅和高效。

二、讲解技能的提升

（一）讲解技能的概念

讲解技能是体育课堂中至关重要的一项教学技能，它通过教师的语言表达，帮助学生理解运动技能和动作要领。在教学过程中，教师通过清晰、简洁的语言，结合适当的示范和练习，引导学生掌握技能。讲解不依赖于语言本身，更要根据学生的学习水平和认知特点调整表达方式，使教学内容易于理解并能激发学生的兴趣。

讲解是体育教学中传授知识和技能的核心方法，它不仅帮助学生理解和掌握本节课的内容，而且能明确学习目标并建立技术概念。通过有效的讲解，教师能够将复杂的动作要领简化，帮助学生从感性认识逐步过渡到理性理解，进而提高学习效果。讲解技能在体育课堂上应用广泛，不仅用于传授新知识、复习巩固旧知识，而且可通过示范、图示等手段加深学生的认知。讲解不仅注重技能教学，而且能激发学生思维、提升课堂互动，并在一定程度上引导学生的思想品德发展，因此，被视为体育教师必备的重要技能。

（二）讲解技能的特征

讲解在教育历史中保持长久不衰的地位，除了历史传统的原因，还因为它具有许多独特的优势。首先，讲解具备较高的经济实效性。与其他教学手段相比，讲解节省时间和精力，尤其在体育教学中，教师通过语言和表达可以快速而高效地传递信息，避免使用复杂器材或实物的烦琐。其次，讲解具有较高的教学效率。通过精心组织，教师能够在较短时间内传达大量知识，减少学生在学习过程中的盲目性，使信息传递更加集中和明确，提升学习效果。

（三）讲解技能提升的原则

掌握讲解技能后，随之而来的是教师如何根据教学目标、教学任务和教材内容的特点，针对学生的实际情况，合理、灵活地运用讲解技能，真正实现讲解的价值和作用。因此，要提升讲解技能，必须了解其原则。

1. 精讲原则

教学讲解必须遵循精讲原则。精讲要求教师在传递知识时，做到内容的精选、语言的精练、方法的精当，确保教学效果的精彩。精讲不仅要求讲解内容简明扼要、提纲挈领，还要力求做到举一反三、闻一知十，即通过精确的讲解让学生能够在有限的时间内掌握更多的知识。精讲不仅是数量的要求，它更侧重于教学的质量，强调在教学过程中如何用更少的时间传递更多、更深刻的信息。通过精讲，教师能够有效地提高讲解效率，确保学生获得清晰、科学和易懂的知识，进而提升整体教学效果。

2. 启发性原则

在新课改的背景下，教学讲解的启发性显得尤为重要。教师的作用不应仅限于传递现成的答案，而应通过引导学生自主探索、思考和解决问题激发学生思维。在讲解过程中，教师应依据课程标准，结合教学实际，按照知识的逻辑顺序和学生的认知规律，精心设计问题体系。这些问题要有内在联系、层次清晰、环环相扣，逐步引导学生深入思考。通过这种启发式讲解方法，学生不仅能在复习旧知识的基础上巩固理解，而且能拓展思维，加深对新知识的掌握，从而提升独立思考和解决问题的能力。

3. 直观性原则

直观性原则要求教师在教学中利用具体的实例、实物或形象展示，帮助学生建立感性认知，为其深入理解新知识打下基础。通过将抽象的理论或技能具体化，教师能够使学生直观地感受和理解学习内容。这种方式不仅能引发学生的兴趣，而且能帮助其更好地掌握知识。在学习复杂的理论或技能时，直观的示范和实例能够有效地提高学生的认知效率和记忆力。

4. 针对性原则

每名学生在遗传、环境和教育等多方面因素的作用下，具有独特的个性和差异，包括知识能力、情感、意志及性格等方面的差异。教师需要通过详细的调查和分析，了解学生的整体情况以及个体特点。掌握全班学生的共同特征（如他们的知识水平、接受能力和学习氛围），同时要关注每名学生的兴趣爱好、特长和不足。只有基于这些信息，教师才能做到因材施教，在整体授课的框架下，针对不同学生采取个性化讲解方式。这种做法不仅能帮助学生更好地理解和掌握体育知识与运动技能，而且能促进他们的全面发展，使每名学生都能在教学过程中获得进步。

5. 系统性原则

系统化知识能够大大增强学生对内容的理解、记忆和应用能力。在教学过程中，当知识逐步积累到一定程度时，教师应着力将其进行系统化整理，通过归纳总结，把零散的知识点串联起来，形成一个有机的整体。这不仅能帮助学生清晰地看到各个知识点之间的联系，而且能提升他们的综合思考能力。系统化过程可以在课堂结束时或一个单元学习完成后进行，这样学生能更清晰地看到所学知识的整体框架。在进行知识系统化时，教师要特别注意内容的全面性，同时要根据教学目标和重点合理划分知识的主次，确保重点突出，确保学生能够抓住核心，避免知识点的杂乱无章。

6. 适时反馈和调控原则

讲解作为一种以教师为主导的教学方式，要求教师在教学过程中，密切关注学生的反应，并根据学生的理解进度灵活调整讲解的内容和方式。为了使教学效果最大化，教师需要确保讲解的节奏与学生的思维和理解过程同步，避免讲解过快或过慢，导致学生产生困惑或疏远感。有效的讲解不仅要具有针对性，而且应注重互动性。教师应通过提问、引导学生思考或其他互动方式及时了解学生的理解情况，根据学生反馈调整讲解策略。通过这种灵活的互动与调整，教师能够确保学生更好地吸收和理解知识，达到预期的教学效果。

7. 艺术性原则

教学是一门艺术，其魅力不仅体现在教学内容本身，而且体现在教师讲解的表达方式和传递情感的能力上。教师的讲解艺术性表现在多个层面：首先是声音的运用，声音的高低、快慢、轻重要根据内容的不同进行调整，确保学生集中注意力。语调的抑扬顿挫有效增强讲解的感染力，使学生在听课过程中更加投入。其次，语句的幽默风趣能够活跃课堂气氛，减轻学习的压力，激发学生的学习兴趣。同时，教师的表情和肢体语言是讲解艺术的重要组成部分，通过丰富的面部表情和生动的肢体动作，能够让学生更加直观地感受教学内容的深刻性和趣味性，提升课堂吸引力。最后，通过这一系列艺术性的表达，教师不仅传授知识，而且能提升学生的情感和修养。

（四）讲解技能提升的要求

1.讲解要有目的性

每次讲解前，教师必须明确本节课的教学目标和重点，确保讲解内容紧密围绕目标展开。教师要始终保持目标导向，确保每项讲解都有明确的目的，以帮助学生掌握知识、技能，并促使其产生自主思考的动力。

2.讲解结构要明确

结构化的讲解能帮助学生清晰地理解所学内容。教师应根据教学内容的逻辑性，将知识点按照一定的顺序和层次呈现，确保学生能系统地掌握信息，而不是感到混乱或无法理解。一个清晰的讲解结构能有效提升学习效率，帮助学生在课堂上形成知识框架。

3.讲解要有计划性

讲解前要做好充分的准备，事先了解学生的学习状况、兴趣及可能遇到的困难。教师要在课堂上合理安排时间，保证各个知识点的讲解充分且不过于冗长。讲解过程中，要有灵活应对的能力，确保内容的传达能根据学生的反馈及时调整。

4.讲解要突出引导性

讲解不仅是知识的传递，而且应具备引导性。教师通过提问、引导学生思考，帮助学生自主发现问题和解决问题。在讲解过程中，教师应适时提供启发，鼓励学生表达自己的观点，促进学生的思维拓展和学习兴趣的提升。通过引导，教师能够有效调动学生的积极性，使课堂更具互动性与参与感。

5.讲解要有启发性

讲解不仅是信息的传递，更多的是对学生思维的激发。教师应通过提出问题、引导学生思考等方式，启发学生自主探索和发现问题。这种启发性讲解可以帮助学生从感性认识向理性认识过渡，使学生在课堂中保持思考的热情，培养其批判性思维和创新能力。

6.讲解要注意反馈调控

有效的讲解需要密切关注学生的反应，并进行及时反馈调控。在讲解过程中，教师应观察学生的表情、动作、互动情况等，判断学生是否真正理解教学内容。根据学生的反馈，教师可以适时调整讲解的节奏、方式和深度，以确保教学效果的最大化。如果有学生未能理解，教师应采取不同的策略进行讲解，帮助学生解答困惑。

7.讲解要有实例

具体生动的实例能帮助学生更好地理解和掌握理论知识。教师应根据教学内容选择与学生生活或运动相关的实例进行讲解，通过实例使抽象的理论和技能变得具体可感，帮助学生加深对知识的理解和记忆。实例可以增强讲解的真实性和实践性，使学生更好地将所学知识应用于实际运动中。

8.讲解语言要有趣味性与艺术性

讲解语言的趣味性和艺术性是提高学生课堂参与感和学习兴趣的重要手段。教师应通过变化语调、使用生动形象的比喻和幽默风趣的表达，使讲解内容更加生动、吸引人。富有艺术感的语言能使课堂氛围更加轻松愉快，同时提高学生的注意力和课堂参与度，帮助学生更好地理解和吸收知识。

三、示范技能的提升

（一）示范技能的概述

在运动技能的学习中，示范是最直接且最有效的教学方式之一。对于新教授的技能，学生往往通过观察教师或其他同学的示范来掌握该技能的具体要领。示范技能是一种教学行为，通常由教师亲自示范或安排学生示范，目的是让学生通过视觉感知和模仿的方式，更清晰地理解动作的要领和技巧。

示范教学可以帮助学生在短时间内形成运动动作的认知框架（尤其是在初

学阶段）。通过教师或学生的演示，学生能直观地理解如何完成特定的技术动作，并能通过视觉模仿建立起动作模式。这种直接的感知比单纯的讲解或文字描述更易于学生理解和掌握，从而提升他们对运动技术的记忆和掌握效果。

在体育教学中，示范不仅是教学的一种方式，更是教学的必要环节。它通过形象化的展示，帮助学生更好地理解动作的细节和技巧，使学生能在实际练习中迅速找到正确的动作感觉。一个清晰、规范、准确的示范，不仅能够激发学生的兴趣，而且能够有效提高他们的学习效率和动作的精准度。因此，教师在课堂中要高度重视示范技能的运用，通过合理的示范帮助学生加深对运动技能的理解，从而实现更好的教学效果。

（二）示范技能的功能

1.建立正确的动作表象

在教学过程中，示范是教师展示技术动作的一种有效方式，它让学生能够通过直观的观察，先对所要学习的动作有初步的认识，进而理解并模仿，最终形成正确的动作表象。

从生理学的角度来看，学生掌握运动技能通常需要经历三个阶段：初步掌握动作阶段、动作改进与提高阶段及巩固与自如运用阶段。在初步掌握动作阶段，学生通常对所学习的动作缺乏感性认识，示范和讲解是帮助学生建立动作表象和基本概念的关键手段。通过教师的示范，学生能够快速理解动作的基本结构和目标，进而对动作的要求有初步的认知。

进入动作改进与提高阶段后，学生会出现动作不准确、不协调，甚至伴随不必要的错误动作。这时，教师需要通过更多的示范来帮助学生纠正错误，尤其是通过正误对比示范，使学生能够清楚地看到标准动作和错误动作之间的区别。这样的示范有助于强化学生对正确动作的理解，改进动作的协调性，调整动作的细节，逐渐规范动作的执行，帮助学生在动作的练习中形成稳定的动作模式。

当学生步入运动技能的运用阶段，意味着教学进入实操检验关键期。此时，学生不再在体育课堂上做机械重复动作，而是将过往所学技巧，灵活施展于校运会、课外体育竞赛等真实场景中。他们在实践中频繁运用技能，不断调整发力点、优化动作衔接，持续提升技能运用的精准度与熟练度。

2. 激发学生的运动兴趣

培养学生的运动兴趣和爱好是新课程的重要目标之一。学生一旦对运动产生浓厚的兴趣和喜爱，就能建立起积极的情感，主动参与练习，享受成功的乐趣，从而逐步形成坚持锻炼的良好习惯，为终身体育打下坚实的基础。

正确的示范动作在这一过程中起到了至关重要的作用。教师通过示范，不仅能帮助学生理解和掌握技能，而且能以自身的表现感染学生。良好的示范能激发学生的模仿欲望，使他们产生想要尝试和学习的兴趣。学生看到教师精准的动作后，对自己也有更高的期待并主动投入到练习中。这种积极的学习态度，不仅有助于他们更快地掌握技能，而且能有效提升他们的学习热情，使体育教学更高效地进行。因此，示范技能不仅是技术传授的工具，而且是激发学生兴趣、提高教学效果的重要手段。

3. 培养学生分析问题和解决问题的能力

为了提高体育课教学中动作示范的效果并增强学生的观察能力，教师往往在示范前或示范过程中，通过提问、引导和启发等手段，激发学生的思考。教师提出问题，鼓励学生仔细观察和独立思考，让他们积极讨论和比较，从而帮助学生更好地理解动作的技巧和要领。通过这种方式，学生不仅能更清楚地理解运动技能的动作要领，而且能在思考和交流中形成更为深刻的概念和动作表象。

在教师的引导下，学生通过仔细观察示范动作，能够积累经验，进而更准确地掌握动作的核心要素。同时，这种观察和分析的过程有效地培养了学生的批判性思维和解决问题的能力。通过对示范动作的反复观察和总结，学生不仅能加深对技术动作的理解，还能在教学过程中学会如何分析问题、概括动作技巧并提高自己解决问题的能力。这种分析能力的培养，不仅有助于体育技能的掌握，而且能在其他学习领域中发挥积极作用。

4. 提高学生的审美艺术素质

正确的动作示范不仅能准确展现技术动作的要领，而且能通过优美的动作激发学生的学习兴趣和参与热情。在体育教学中，教师通过示范展现动作的流畅与和谐美，不仅使学生更愿意尝试模仿，而且能潜移默化地提高学生对运动的审美意识。通过美学视角的引导，学生不仅在技术上获得进步，同时在视觉和情感上也能体验到动作的美感，从而培养对体育运动的情感认同。

为了达到这种效果，教师需要在教学中注重动作的艺术性，通过精确的示范，展示出运动的美感。动作不仅是技能的体现，而且是形态与节奏的结合，教师应引导学生关注动作中的每个细节，提升他们的观察力和艺术感觉。在此过程中，学生不仅学习如何正确执行动作，而且能感受动作背后的美学价值，进而提升自己的审美艺术水平。这种审美的培养，不仅让学生享受到运动带来的愉悦，而且帮助他们在生活中树立积极向上的态度和健康的生活方式。

（三）示范技能提升的原则

1. 服务性原则

示范应服务于学生的学习需求，教师的示范要针对学生的认知水平和技能掌握情况进行调整。在示范过程中，教师不仅要展示动作的正确性，而且要确保学生能够通过示范获得清晰的动作概念和直观的动作感知。因此，示范的目标应是帮助学生理解和掌握所学技能，做到"教会学生学会"，使示范具有明确的教学目的和服务功能。

2. 可行性原则

示范技能必须符合学生的实际能力和接受水平并具有可行性。教师在示范时，应考虑到学生的生理和心理差异，选择合适的动作复杂度和难度。过于复杂或高难度的动作示范会导致学生产生畏惧感或挫败感，简化或过于基础的示范无法激发学生的挑战意识。因此，示范动作要确保学生能够模仿和练习，具有一定的可执行性。

3. 指向性原则

示范应具有明确的指向性，针对教学目标和学生的学习重点展开。在进行示范时，教师要始终围绕教学任务和技能点展开，避免不必要的偏离。每次示范都应确保学生能够明晰其目的，准确理解技能要领和动作的关键之处。通过精准的示范，帮助学生逐步实现从模仿到自主掌握技能的过渡。

4. 实效性原则

示范的目的是帮助学生掌握技能。因此，示范的效果应具有实效性。教师在示范时，要注重反馈，结合学生的学习进程及时调整示范的内容和方式。教师应通过有效的评价和提示，确保示范后，学生能够进行有效的练习，避免出现理解偏差或技能错误。通过持续检查和调整示范内容，使学生在实践中真正掌握所学内容，从而提高教学的实效性。

（四）示范技能提升的要求

1. 动作示范要有明确目的

示范是直观教学中至关重要的一部分，教师通过清晰的示范帮助学生建立对技能的直观认知。在教学中，首先需要展示完整的动作，让学生从整体上理解技能的结构和流程。其次，教师根据教学需要将动作分解，逐步讲解每个部分。在重点部分的讲解过程中，教师应放慢语速，突出重要环节，确保学生能够准确把握关键要点。通过这种方法，学生能够在全面理解的基础上，有效提高运动技能的掌握度。

2. 动作示范要正确、美观

在体育教学中，教师的动作示范应做到正确、美观。正确是基础，教师必须严格按照动作要求进行示范，确保学生建立起准确的动作印象。美观是在技术规范的基础上，注重动作的流畅性与表现力，通过生动形象的示范激发学生的学习兴趣。只有教师的示范既精确又具有吸引力，才能有效地帮助学生理解动作要领，激发他们的学习热情，提升课堂的教学效果。

3. 示范时机把握得当

体育教师在进行动作示范时，时机的把握至关重要，它直接影响示范的效果和课堂的连贯性。教师应根据学生的身体素质和技术掌握情况，灵活选择示范时机。

（1）教师在讲授新课程内容时，可以结合动作示范。教师要确保动作示范的准确性，让学生对其有初步的认识并知道接下来要学习哪些内容，这样可以更好地激发学生学习的积极性。

（2）教师在讲解重难点时，要结合示范讲解的教学方式。在教学过程中难免会遇到重难点，要想突破重难点教学，正确的示范与讲解必不可少，只有这样，才能提升学生练习的目的性和实效性。例如，在讲授"山羊分腿腾越"内容时，待学生练习结束后，教师可以进行集中示范讲解，突破课程的重难点，提高学生对动作的认识，强化练习中动作的正确性。

（3）在学生学习时，集体出现困难的情况下，教师要进行示范讲解。学生在学习新课程时，会出现学习和动作掌握方面的困难，这需要教师进行重复的示范与讲解，帮助学生克服困难。

（4）在学习过程中遇到突破不了难关的情况下，教师要进行示范讲解。学生在经过一段时间的学习后，技能还是没有得到提升，教师需要进行更为细致的讲解和示范，帮助学生突破这一阶段，从而达到预期的教学效果。

4.选择正确的示范位置与示范方向

示范的目的在于为学生树立一个清晰的榜样，不仅是让学生看得到，而且要确保学生能够看得清楚。因此，教师在进行动作示范时，除了要做到规范、标准的动作外，还需要特别注意示范的站位和方向。

一般来说，示范的位置和距离应根据队形、动作性质及安全要求灵活调整。例如，在教授武术时，如果基本动作是以横队形式进行的，那么教师应该站在横队等边三角形的顶点，这样可以确保每名学生都能清晰地看到教师的示范；如果是进行复习性练习，那么教师可以选择站在队伍的左前方，带领学生进行示范练习，方便学生根据教师的指导进行模仿。

以跳远为例，教师应站在适当的侧面进行示范，学生可以直观地观察到单腿起跳和踏跳的准确技术动作。在跳远教学中，学生需要观察起跳的关键技术细节，因此，教师应安排学生站在沙坑的两侧观察示范。这样可以确保学生的视线不被其他学生遮挡，能够更加清晰地跟随教师做的示范动作，同时，使学生能够有效地进行视线移动，便于对动作的理解与模仿。

5.示范与讲解有机结合

示范与讲解在体育教学中是相辅相成、不可分割的。仅依靠示范，学生只能获得具体的动作形象，缺乏对动作背后原理的深刻理解；仅依靠讲解，学生只能掌握抽象的概念，无法有效地将理论转化为实际动作。因此，只有将示范与讲解有机结合，才能更好地促进学生对动作的全面理解与掌握。

示范与讲解的配合方式有多种，具体选择哪种方式，应根据教学的实际情况、动作的难易度及学生的个体差异来决定。例如，在进行侧手翻教学时，首先，教师通过示范展示动作，让学生对动作的基本结构和流程有一个初步的视觉印象。其次，通过讲解，教师阐明动作的要领和细节，帮助学生进一步理解动作的技术要求。这样的示范与讲解相结合，让学生不仅通过观察教师的示范动作形成正确的动作表象，而且通过教师的理论指导理解如何在实践中准确执行，从而提高学习效率。

在其他场景下，教师可以选择边讲解边示范、边讲解边示范边练习等方式，这些方式使学生能在教师讲解的同时，进行模仿和实践，更好地将理论与动作相结合。通过这种方式，学生对技术动作的理解更加全面，技术掌握的深度和广度显著提高。

6. 示范的形式要多样化

在教授新课程时，首先，教师应先以正常速度演示完整的技术动作，让学生对动作的整体结构和流程有一个初步的了解。这种完整示范有助于学生形成对动作的整体感知。其次，教师可以根据教学的需要，以较慢的速度分解示范，逐步引导学生理解动作的要领和细节，帮助学生建立一个完整的动作体系。分解示范有助于学生更好地掌握动作的各个组成部分，使他们能够集中注意力于动作的重点部分，减少动作过于复杂而产生的学习负担。

教师可以借助直观教具（如录像分解示范）增强教学效果。录像分解可以通过慢动作、不同角度的展示，弥补教师现场示范的不足，为学生提供更多的视觉信息，帮助学生更好地理解动作的细节。对于一些难度较大的动作或学生普遍存在的问题，教师可以让较好掌握该动作的学生进行示范，通过同伴间的示范，帮助学生更好地学习。

在教学过程中，教师可以通过模仿学生的错误动作进行示范。这种反向示范有助于学生识别并纠正自己的错误，强化对正确动作的理解，并且让学生在对比中加深记忆，从而提高教学的实效性。通过不同形式的示范，教师可以有效地帮助学生理解、掌握和纠正动作，达到预期的教学效果。

第三节 体育教学微课设计

一、微课概述

（一）微课教学的主要特点

1. 主题明确

微课通常围绕一个具体的教学目标或问题展开，主题鲜明且聚焦，帮助学生快速掌握特定的知识点或技能。由于时间较短，微课内容必须精准，以确保学生能在有限的时间内集中精力解决一个教学问题或学习一个关键技能。

2. 短小精悍

微课的时长一般为 5~10 分钟，强调简洁、高效的知识传递。教学内容精练，避免冗长的讲解和复杂的背景信息，能够最大化学生的学习效率。

3. 资源类型多样且以视频为主

微课资源类型丰富，除了传统的文字、图片和音频外，视频是其最重要的表现形式。通过视频，教师可以生动直观地展示动作、过程和操作方法，使学生能够更清晰地理解和模仿。

4. 资源存储量小

由于微课内容简短且多为视频形式，这使微课便于在线分享，可以方便地存放在云端平台或其他电子设备中，便于随时查看。学生可以把学习资源下载下来保存到电脑或移动设备中随时随地进行学习。

5. 微课内容选择灵活

微课内容选择具有很强的灵活性。教师可以根据学生的具体需求，选择课程中的某个知识点或技术动作进行深入讲解。微课不仅可以作为课堂教学的补充，而且可以作为自主学习的工具，让学生在课后通过回看视频或参与互动，进一步强化知识和技能。

（二）微课的应用原则

1."以微为首"原则

在设计微课时，"以微为首"原则是核心理念之一，要求微课内容要精简且精准。首先，微课选题范围应小而精，微课聚焦于一个具体的知识点或技能，确保教学内容既简明又完整，避免冗余的信息，以便学生在短时间内掌握关键要点。其次，微课时长要控制为5~10分钟，既符合学生的注意力持续时间，也能确保学习过程不过于冗长，避免学生产生疲劳感。最后，微课资源存储量要小，便于学生通过移动设备进行随时随地的学习与复习。这种设计方式不仅提高了学习的便捷性，而且保证了学习的高效性。在这一原则的指导下，微课能够在有限的时间和空间内最大化地传递有效知识，增强学习效果，同时提升学生自主学习的积极性和主动性。

2. 以"学生为主"原则

微课的核心目标是提升学生的学习效果，因此，在微课设计的各个阶段，必须始终贯彻以"学生为主"原则。在设计前期，首先需要对学生的特征进行深入分析，了解他们的学习需求、兴趣爱好及可能遇到的学习障碍。通过这一分析，教师能够精准地制定教学内容与方法，从而激发学生的学习兴趣，保持其学习动机。教学内容的呈现、教学方式的选择应站在学生的角度进行考虑，使学生能够在最适宜的学习情境中接受和消化知识。在微课实施后，评价其效果时，关键的衡量标准是学生的学习成绩与反馈。通过这种方式，微课的设计和应用能够持续优化，确保其始终以促进学生学习为核心目的。因此，微课设计不仅要关注教学内容本身的质量，而且要注重如何激发学生的主动性和参与度。

3. 以"交互为重"原则

在微课设计中，交互性是提升学习效果的重要因素之一。建构主义理论强调通过情境、协作和会话的建设，促进学生与学习资源的互动。这种互动不仅能激发学生的学习兴趣，而且能转变他们的学习方式，从知识的接受者变为主动的探索者。在大学微课设计中，学生的思维更为成熟，能够自主地进行探究、讨论和反思。因此，设计时需要确保学习过程中的互动性，帮助学生更好地构建意义。这种互动性设计不仅提升了学习的深度和广度，而且为学生提供了更为有效的学习体验。

4. 以"创新为核心"原则

微课设计在现代教育中具有重要意义，特别是在培养学生可持续学习能力和创新思维方面。它不仅要求提供信息技术支持，而且要求基于学生的学习需求，创建具有吸引力和实效性的教学内容。随着信息技术的快速发展，微课设计的技术创新至关重要。通过充分利用信息技术，微课能够突破传统教学方式的局限，为学生提供更加灵活、个性化的学习体验。高校学生不仅具备较强的信息技术能力，而且能通过微课实现自主学习，从而提升分析问题和解决问题的能力。因此，微课设计不仅要关注技术的运用，而且要注重创新思维的培养，以促进学生在信息时代的全面发展。

二、微课在高校体育教学中的实践应用

（一）微课应用在学生体育需求调研中

在高校体育教学中，结合体育微课的设计与传播，能够大大提升学生的兴趣和参与度。通过提前将微课内容制作并通过移动互联网进行传播，教师可以及时评估学生对内容的接受度及兴趣点。这种互动性设计不仅增强了学生的主动学习态度，而且能帮助教师调整课程内容，更好地满足学生的需求。利用微课的传播，学生在接触新内容时不再是被动接受，而是通过参与讨论、评论等形式，主动参与到学习过程中。因此体育教学不仅能提升学生的技能水平，而且有助于培养他们的自主学习能力和创新思维。

（二）微课应用在体育课程设计中

体育微课的引入，不仅是对传统体育教学模式的有效补充，而且是适应多媒体和大数据时代的必然产物。微课的出现，推动了高校体育课程设计的重新思考与创新。在以往的体育教学中，室内理论课和室外实践课常常被割裂开来，缺乏有机结合。借助微课的形式，这种局面得到了有效改善。在微课设计中，教师不仅可以利用信息技术和数据分析工具，推动学生和教师之间的互动交流，还能通过这些平台使学生更为积极地参与到课堂讨论和实践中。

这种方式使体育理论与实践得以融合，不仅让课堂更加灵活且充满互动，也激发了学生的学习兴趣。学生不再局限于传统的被动学习，而是通过数据反

馈、个性化学习内容和灵活的教学方式，获得更多的学习自主权。这种以学生为中心的教学模式，能够提高学习效率，激发学生对体育的热情，进而促进他们身体素质和运动技能的提升。

在新型教学环境下，教师的教学理念和方法发生了转变，他们更多地参与学生的学习过程中，不仅是知识的传授者，还是学习的引导者和支持者。通过大数据分析，教师能够实时掌握学生的学习进度和问题，为每名学生量身定制适合的学习路径。总的来说，体育微课不仅提高了教学效果，而且推动了体育教育的深层次变革。

（三）微课应用在体育课程教学中

在体育课程教学中，微课的应用有着显著的优势。首先，教师可以根据新课的内容，结合时事热点和体育新闻，设计新颖的导入微课，以此吸引学生的注意力，激发他们的学习兴趣。通过这种方式，微课能够以更生动、形象的方式呈现教学内容，增加课堂的互动性与趣味性，帮助学生更好地融入学习情境中。例如，在讲解某一体育项目的技巧时，首先，教师可以先播放相关的精彩比赛视频（如当前热门的运动员表现），让学生看到实际应用，激发他们的好奇心与求知欲望。其次，在体育教学实践中，尤其是对于动作技巧的教学，微课发挥了不可忽视的作用。通过将复杂的动作分解成简短而精确的教学片段，教师可以将这些微课反复播放给学生观看。这使学生不仅能更好地理解和掌握动作要领，而且能通过反复观看形成深刻的肌肉记忆。比起传统的口头讲解或单一示范，微课的重复播放能使学生在更具体、直观的教学场景中，感知动作的细节，增强他们的学习效果。

通过将微课应用于体育教学中，教师能够灵活地组织课堂内容，利用碎片化学习的优势，使学生在任何时间、任何地点都能进行课前预习或课后复习。同时，微课的形象性、直观性和高效性，极大地提高了体育教学的互动性和参与感，激发了学生的兴趣，促进了他们对运动技能的掌握和提升。

（四）微课应用在体育课后辅导中

高校体育课堂时间有限，教师很难在一节课中照顾到每名学生的需求，导致一些学生难以跟上教学进度或无法充分掌握所学运动技能。因此，课后通过微课视频进行补充教学，能够帮助学生在课堂之外巩固所学内容。教师可以将课程中的重点与难点录制成微课视频，学生可以利用课后的时间反复观看并进行练习，从而加深对技术动作的理解与掌握，提升整体学习效果。

（五）微课应用在体育课程分享中

分享是一种学习方式。学生常常喜欢在朋友圈中分享他们认为有价值的视频课程，这不仅能感染身边的朋友，而且能让更多的人加入到学习的圈子中。因此，教师应鼓励和倡导建立基于分享精神的学习共同体，这种共同体能促进成员之间的互相支持和资源共享。例如，在体育舞蹈教学中，学生可以将自己感兴趣的微课内容分享给其他同学，使更多热爱体育舞蹈的学生能及时获取和分享相关的学习资源。此外，学生还可以组织小范围的学习活动（如组织"快闪"等形式的活动），形成自发的学习小组，共同学习和讨论体育舞蹈的知识和技能。这种方式不仅促进了学生之间的互动，而且为社团的建设和发展创造了条件，丰富了学生课堂之外的学习和生活体验。

第四节　多模态体育教学

一、多模态学习的理论概述

多模态学习的理论概述标志着教学理念与方法的革新，它突破了传统教学模式的局限，提出了一种更加全面且多元化的学习方式。其核心思想是通过多种感官模态来传递和呈现信息，进而促进学生的全面理解和知识掌握。相比传统以文本或口头表达为主的教学方式，多模态学习强调视觉、听觉、触觉甚至空间感知等多种感官的共同参与，形成一个多维度的学习体验。

这一理论的基础深深植根于社会符号学和多模态理论的框架之中。社会符号学关注符号在特定社会文化环境中的意义和作用，强调符号不仅是语言的构成，而且是文化、历史和社会交往中的重要媒介。多模态理论进一步拓展了这一视角，认为信息的传递和交流远不止语言这一单一模态，图像、声音、触觉等也是重要的表达方式。这些模态并非孤立存在，而是相互补充、交织共生，共同构建起一个更加丰富、全面的信息表达体系，形成学习的多维互动模式。

多模态学习的理念强调通过多种感官和表达方式的结合促进学习，这种方法能够满足不同学生的需求并提高其学习效率。在这一过程中，学生能够根据感官偏好选择合适的学习方式，从而激发学习兴趣并提升学习效果。具体而言，视觉上，学生可通过图表、图像等视觉模态增强对信息的理解；听觉上，学生可通过讲座和音频材料深化知识掌握；动觉上，学生可通过实际操作和肢体动作促进技能的习得。这种灵活的学习方式不仅为学生提供了更多的学习路径，而且能更好地适应个体差异，满足学生多元化的学习需求。

在体育教学领域，多模态学习展现出巨大的应用潜力。体育本身是一个高度依赖身体动作和感官体验的学科，传统的教学模式往往侧重于讲解和示范，多模态学习通过整合视觉、听觉、触觉等多重感官的方式，使学生能够从多个维度理解和掌握体育技能。通过视觉反馈、动作示范、视频辅助等手段，学生能够在实践中不断优化动作和技能，提升综合素质和创新能力。此外，这种方式符合现代教育的信息化和个性化发展趋势，为体育教学的改革与创新提供了新的路径。

二、多模态体育教学的实践模式

（一）教学模式的构建

1. 计划阶段

在计划阶段，教师需要进行全面的教学准备工作。通过诊断性评估学生的体育知识基础、技能水平和学习风格，更好地满足学生的个性化需求。同时，教师要明确体育教学的最终目标，确保教学目标与学生的全面发展相契合。在此基础上，教师应结合多模态教学理念，设计丰富多样的教学内容和活动，旨在通过多种感官体验激发学生的学习兴趣和积极性。

2. 实施阶段

进入实施阶段，教师将运用多种模态来呈现教学信息。例如，通过生动的视频和图像展示体育动作的要领和技巧，使学生更直观地理解并掌握相关知识。同时，教师要引导学生积极参与探究活动（如小组合作练习、角色扮演等），让学生在亲身体验中深化对体育知识和技能的理解。此外，教师还可以借助智能化教学工具，实时监测学生的学习状态，并根据学生的反馈及时调整教学策略。

3. 评估阶段

在这一阶段，教师将采用多样化的评估方式，以全面评价学生的学习效果。除了传统的书面测试和技能考核外，教师可以组织学生进行自我评价和同伴评价，培养学生的自我反思和批判性思维能力。同时，教师要关注学生在学习过程中表现出的情感态度和价值观，更全面地评价学生的学习成果。在评估阶段，教师不仅要关注学生的知识掌握情况，而且要通过对学生参与感、合作能力和情感态度的评估，全面反映学生在多模态体育教学中的成长与进步。通过使用视频录制、行为观察和同伴评估等多元化手段，教师能够深入了解学生的学习状态和思维方式，及时发现教学中的薄弱环节，为后续的教学改进提供依据。

4. 优化阶段

教师根据评估阶段的反馈信息，进行反思与调整，优化教学策略与内容。在这一阶段，教师需要结合学生的反馈与学习成果，对教学目标、教学活动及教学方法进行精细化调整，确保教学过程更加高效和个性化。同时，教师应通过反思教学效果，探索新的技术工具和教学手段，不断推动教学创新，提高教学质量。优化不仅是对单一教学活动的调整，而且是对整个教学过程的持续改进与完善，确保多模态体育教学能够适应不同学生的需求，促进学生全面能力的发展。

（二）教学内容的整合

在多模态体育教学中，教学内容的整合是一个至关重要的环节。它涉及将不同模态的教学资源巧妙地结合起来，以创造出一个丰富、多元且互动的学习环境。这种整合不仅有助于提升学生的学习兴趣和参与度，而且能促进他们对知识和技能的全面掌握。

1. 文本模态的运用

文本模态作为传递基础知识和概念的主要手段，在多模态体育教学中仍然占据重要地位。教材、文章及电子文本等提供了系统的知识框架和核心理论，为学生打下了坚实的学科基础。然而，单一的文本模态显得枯燥乏味，难以长时间吸引学生的注意力。因此，在教学内容整合时，需要巧妙地融入其他模态，以增加学习的趣味性和互动性。

2. 视觉模态的引入

通过图片、图表、动画以及视频等直观形式，教师可以将复杂的体育动作和技巧生动地呈现在学生面前。这种视觉上的冲击不仅能迅速抓住学生的注意力，而且能帮助他们更好地理解和记忆相关知识。例如，在教授篮球投篮技巧时，教师可以利用动画视频展示投篮的分解动作和要点，让学生更加清晰地掌握每个步骤。

3. 听觉模态的补充

音频材料、讲座及对话录音等听觉资源能够为学生提供丰富的语言输入和声音体验。通过聆听专家的讲解、分析比赛录音或模拟场景对话，学生能够更深刻地理解体育技能的细节与原理。例如，教师可以播放比赛视频的解说，帮助学生理解不同战术的运用和运动员动作的细微差别。

（三）教学评估与反馈

在多模态体育教学的实践中，教学评估与反馈是不可或缺的环节。为了确保评估的全面性和准确性及反馈的及时性和有效性，教师需要精心设计和实施多样化的评估方法，并建立灵活的反馈机制。

1. 评估方式的多样化

教师可以采用项目展示的方式，让学生以小组为单位，围绕某一体育主题或技能进行深入研究，并将研究成果以多媒体形式展示出来。这种评估方式不仅能够检验学生的理解和应用能力，还能培养他们的团队协作和创新能力。小组作业作为一种有效的评估手段，通过给小组分配不同的任务，观察他们在完成任务过程中的表现及最终提交的作业质量，能够客观地评价学生的知识掌握情况和应用能力。视频演讲也是一种直观的评估方式，学生可以录制一段关于某个体育知识点的讲解视频，通过语言表达、逻辑思维和肢体语言等，多方面展示他们的综合素质。

2. 反馈机制的灵活性

教师可以组织学生对某个体育话题或技能进行讨论，通过观察学生的发言和观点表达，了解他们对教学内容的理解和掌握程度。在线投票作为一种便捷的反馈收集方式，教师可以通过在线平台发布调查问卷或投票活动，获取学生对教学满意度、学习收获等方面的评价，从而及时调整教学策略。此外，教师还可以利用即时反馈工具，在课堂上实时收集学生对某个知识点的理解情况，及时对学生的疑问和困难给予解答，确保学生能够在学习过程中不断得到有效的支持与指导。

第六章　体育教学模式的革新及发展

第一节　体育教学模式的基础理论阐释

一、体育教学模式的特点

（一）整体性

体育教学模式具有显著的整体性特征，这意味着它不是单一元素的堆砌，而是通过综合考虑教学活动中的各个环节、要素及其相互关系，形成一个协调统一的系统。体育教学模式明确规定了教学主体和教学客体的角色及作用。教学主体主要包括体育教师和学生，教师承担着指导和激励的角色，学生是学习和实践的主体。教学客体包括教学目标、教学内容等，它们是教学活动的核心，决定了教学的方向和深度。此外，体育教学模式还需要充分考虑其他影响教学的因素（如物质条件、组织形式、时空条件及师生互动关系等）。虽然这些因素在某些情况下被视为次要因素，但是它们却在实际教学过程中起着至关重要的作用。例如，教学场地、教学设备、班级人数及外部环境等，都对体育教学的实施有着深刻影响。同时，师生之间的互动方式、合作关系及教学过程中教师的教学风格、学生的年龄特点和体育基础等，都需被纳入教学模式的设计中。

体育教学模式的整体性要求将这些不同要素进行有机结合，使它们协调运作，从而形成一个完整、系统的教学程序。这不仅要求教师从多个层面、多个环节进行考量，还需要确保各部分之间的顺畅衔接与协调配合。通过这种综合性与系统性的设计，体育教学模式能够更加科学、合理地运行，进而推动体育教学活动的高效进行。

（二）有效性

体育教学模式的有效性体现在其不断优化和实践中形成的有效性。虽然理论为体育教学模式的构建提供了基础框架，但是其最终效果依赖于教学实践的持续反馈与调整。通过不断地实践检验与修正，教师可以识别教学过程中的不足，及时调整教学策略与方法，从而不断提升教学质量。有效的体育教学模式不仅能促进学生技能的掌握，而且能提高教学资源的利用率。避免资源的浪费，关键在于灵活的模式设计，充分考虑学生的需求和教学环境的变化，确保每个环节都能精准有效地落实。因此，体育教学模式的有效性不仅体现在理论的完整性上，而且能通过实际应用不断完善与优化，以适应不同教学条件和学生群体的变化需求。

（三）针对性

体育教学模式的针对性体现在其专门为解决特定教学问题或应对某些教学需求而设计。这些模式的构建基于对特定教学内容、学生特征或教学环境的深入分析与理解。不同的教学目标和教学条件决定了不同的教学模式，因此，每种教学模式都有其特定的应用范围和适用对象。例如，快乐体育教学模式强调让学生在愉悦的氛围中参与体育活动，适用于激发学生的兴趣。对于需要高技术要求或复杂动作的体育项目，传统的教学模式更为合适，因为这些教学内容要求学生对动作技巧的精准掌握。因此，体育教学模式并非适用于所有场景或所有学生，模式的选择必须具有明确的针对性，才能达到最佳的教学效果。这种针对性也表明，体育教学没有一套"万能"的模式，而是需要根据不同情况量体裁衣，灵活调整。

（四）可操作性

体育教学模式的可操作性涵盖了两个重要方面。首先，体育教学模式的设计应当简明易行，便于教师在实际教学中加以模仿与应用。教学模式不仅是理论的具象化，而且是实践的系统总结。每个环节、每步操作应有明确的指导，使教师能在教学中按步骤且有条不紊地进行。例如，教师在进行某项技能教学时，能够根据教学模式的框架清楚地知道先做什么、后做什么，避免教学中无序或重复的情况发生。这样的模式有助于教师提高教学效率，确保教学活动的顺畅进行。其次，体育教学模式在操作过程中应具备基本的稳定性。这一稳定性源于体育教学活动的特殊性和复杂性。虽然教学环境和学生群体各有不同，但是体育教学的核心任务和关键步骤大致相同。因此，教学模式应能够适应这些差异并提供稳定的操作框架，保证教学流程的顺利实施。在此过程中，教师能够在一个相对稳定的框架下灵活调整细节，从而应对实际教学中的变化，确保每个教学环节都能有效落地，最大限度提高教学质量。

（五）简洁概括性

体育教学模式具有高度的简洁性和概括性，它不仅对教学活动进行了理论上的抽象和简化，而且有效地将教学目标、方法和组织形式等环节中的非核心部分省略，从而突出教学模式的核心思想与基本流程。通过这一过程，体育教学模式能够在不失去本质的情况下，简化复杂的教学程序，提炼出精髓。其简洁性表现为将大量具体的教学细节与操作性要求浓缩为一套系统的教学框架，使教师能够在教学中迅速抓住重点，有效提高教学效率。同时，这种模式的概括性使其能够涵盖不同的教学内容和不同的教学场景，具有较强的适应性与普遍性，能够在多样化的教学环境中灵活应用，体现出一定的理论高度与实践深度。

二、体育教学模式的功能

（一）简化功能

体育教学模式因其特殊性与复杂性，要求教学模式不仅具备清晰的逻辑结构，而且需要简化并明确关键环节，以便于有效管理和实施。体育教学模式通过反映各环节、各要素之间的内在关系，提供了一个简洁、系统的框架，使教师在处理教学任务时能够更加高效。其主要特点体现在以下三个方面：首先，体育教学模式重视体育知识的传授及体育技能的学习，确保学生在掌握技术要点的同时，具备一定的运动素养；其次，体育教学模式关注教学目标的明确性及教师在教学设计中的精准性，促使教学目标与教学内容高度契合；最后，体育教学模式不仅反映了现代教学理念，而且注重具体操作策略的细化，使体育教学模式具有较强的实践性与可操作性。

由于体育教学模式能够将抽象理论与具体实践相结合，它比单纯的理论框架更为直观和简化，为教师提供了明确的操作步骤和方法，使教师能够快速理解并在教学中加以应用。因此，体育教学模式不仅便于教师理解、操作，而且能提高课堂教学效率，因其结构化和简化的特性，广受教师的欢迎和认可。

（二）预测功能

体育教学模式的核心在于其对体育教学活动内在规律和逻辑关系的深刻理解与应用，因此，它具备一定的预测功能，能够对教学进程及其结果进行有效预判。通过对教学模式的分析与总结，教师可以在教学实施前，预见可能出现的教学效果，从而为教学调整和优化提供依据。即便无法完全准确预测教学结果，体育教学模式仍能帮助教师对教学过程中的变化作出合理预估，并建立教学结果的假设。

以快乐体育教学模式为例，该模式不仅关注学生在体育学习中的情感体验，而且注重技能的掌握，从而为学生的终身学习奠定基础。其预测功能体现在两个方面：一方面，如果在实际教学过程中未能达到预期的教学目标，说明存在差异，教师需要及时调整教学策略；另一方面，当教学目标顺利实现时，表明预测与实践一致，验证了该模式的有效性和科学性。体育教学模式帮助教师在教学过程中不断修正与完善教学方法，确保教学活动的持续改进和效果的不断优化。

（三）解释与启发功能

体育教学模式通过简化复杂现象的方式，帮助教师和学生更清晰地理解教学目标和过程，同时激发学生对学习的兴趣和主动性。一个典型的例子是发展体能教学模式，这一模式不仅关注学生的体能提高，而且提供了理论上的指导与实践框架，帮助教师制订更有针对性的教学计划。具体而言，发展体能教学模式的核心理论可以从以下几个方面进行阐述。

其一，阶段性的体能目标实施与反馈控制理论，强调通过设置阶段性的目标逐步提高学生的体能水平，并通过持续的反馈调整教学方法，使教学效果能够得到不断的评估和优化。

其二，体育教学系统化、长期性地发展体能的指导思想，强调体育教学应当注重长期的系统性训练，而非短期突击，从而保障学生体能发展的持续性和全面性。

其三，非智力、非体力因素对体能发展有促进作用。体能训练往往需要较长时间的坚持，如何激发学生对体能训练的兴趣是这一模式成功的关键。这里的非智力、非体力因素主要指情感、态度等心理因素，这些因素对学生持久参与体能训练具有重要的推动作用。

其四，在体育教学活动中，每种教学模式的核心环节在教学目标的制定及教学过程中的形成性评价中起到了至关重要的作用。具体包括以下几个方面。

（1）预先进行体能测验，以实施诊断性评价，确保对学生体能状况的准确把握。

（2）根据学生的身体条件与素质特点合理安排教学单元，确保教学内容的个性化与针对性。

（3）根据体能目标进行有针对性的练习，力求使学生达到预期的体能提升目标。

（4）通过总结性评价对学习效果进行反馈，帮助教师和学生了解教学成果与不足。

（5）依据评价结果实施矫正措施，确保在教学过程中持续改进，最终实现体能目标。

（四）调节与反馈功能

体育教学模式的调节与反馈功能在于通过实践验证其有效性，并根据反馈信息不断调整和优化教学策略。实践是检验真理的唯一标准，这一思想同样适用于体育教学模式的评估与改进。体育教学模式是否科学合理，需要通过教学中的反复实践进行检验和修正。

在实际应用过程中，如果某一体育教学模式未能达到预期的教学目标，教师应当对教学过程中的各个环节进行细致分析，找出其中的潜在问题。例如，教师可以通过观察学生的参与情况、学习进度和技能掌握程度等方面的数据评估教学效果。如果教师发现某些教学方法或步骤未能激发学生的兴趣或未能有效传达知识，应及时调整教学策略。通过不断反馈与调节的过程，教师能够发现教学中的不足，针对性地做出修改和优化，确保体育教学活动更加科学、合理，最终达到预期的教学效果。

第二节　体育教学中典型的教学模式

体育教师各具特点，学生的实际情况各有不同，因此，在体育教学过程中采用的体育教学模式也是千差万别，各有侧重。下面主要分析几种常见体育教学模式的建立背景、指导思想及存在的优缺点。

一、主动性体育教学模式

（一）建立背景

主动性体育教学模式的建立背景源于对传统体育教学模式的反思与改进。传统体育教学大多以教师为中心，强调教师主导的讲解和示范，学生的角色相对被动。随着教育理念的进步，尤其是以学生为中心的教育思想逐渐兴起，体育教育界开始强调学生自主学习和自我发展的重要性。主动性体育教学模式应运而生，旨在激发学生的主体意识，使学生在教学过程中从"被动接受"转变为"主动参与"，从而提高其体育活动的兴趣和学习动力。这一模式的提出，既响应了现代教育对学生自主性和创造性的重视，也顺应了素质教育的发展趋势，倡导学生通过自主探索、合作学习等方式提高体育素养。

（二）指导思想

主动性体育教学模式的指导思想是建立在以学生为中心的教育理念基础上的，核心理念是激发学生的主动学习意识，并鼓励学生通过自主探究和实践来提高运动技能和体育素养。该模式强调教师应转变传统的教学角色，由"知识传递者"转变为"学习引导者"和"支持者"。教师不仅要为学生提供必要的教学资源，而且应创造机会和环境，促使学生在教学活动中充分发挥主观能动性，参与到教学内容的选择、组织与实施中。

具体而言，主动性体育教学模式强调以下几个原则。

1. 学生主体性

强调学生在学习过程中处于主导地位，教师的角色是引导和帮助学生，而不是单纯的知识传递者。

2. 合作与互动

通过小组合作、团队互动等方式，鼓励学生之间的协作与交流，形成良好的学习氛围。

3. 个性化发展

尊重学生的个性差异，根据每名学生的兴趣、能力和需求，设计多元化的学习任务，帮助学生发掘并发展其潜能。

4. 探究式学习

通过问题解决、情境模拟、实验探索等方法，鼓励学生自主思考，培养他们的问题意识和解决问题的能力。

（三）主要优缺点

1. 优点

（1）提高学生的自主学习能力。通过主动参与，学生能够更好地理解和掌握运动技能，同时能提高其学习的独立性和自主性。

（2）增强学生的兴趣与动机。主动性体育教学模式注重学生兴趣的激发，能有效避免传统教学中枯燥无味的单向传授方式，激发学生的参与热情。

（3）培养合作精神和团队意识。学生在小组合作学习中，不仅提高了运动技能，而且增强了团队协作和沟通能力。

（4）个性化教育。通过根据学生不同的兴趣和需求进行教学设计，能够更好地满足学生的个性化发展，促进其全面素质的提升。

2. 缺点

（1）对教师要求较高。教师不仅要具备良好的专业技能，而且具备较强的教学设计和组织能力，能够有效引导学生的学习过程。

（2）课堂管理难度增加。由于学生的自主性增强，课堂纪律和组织可能面临一定挑战，教师需要合理调控课堂氛围。

（3）适用范围有限。对于部分基础较差或不太主动的学生，主动性体育教学模式可能缺乏足够的引导而导致学习效果不理想。

（4）教学资源需求高。主动性体育教学模式通常需要多样化的教学资源和支持系统，在一些设备、场地和时间等方面，可能存在一定的局限性。

二、小群体体育教学模式

（一）指导思想

小群体体育教学模式的指导思想源于教育学中"因材施教"和"个性化发展"的理念。该模式强调将学生按照一定的标准分成小组，以促进更具针对性和个性化的教学。与传统的全班授课模式相比，小群体体育教学模式更注重学生在小组内的互动与合作，通过小组成员之间的互相学习和实践，能够更有效地满足不同学生的需求，增强其参与感和学习动力。

具体而言，小群体体育教学模式的指导思想包括以下几个方面。

1. 因材施教

在小群体内，每名学生的体育能力、兴趣和需求差异较大，教师根据这些差异进行个性化指导。教师通过小组活动能够更加精准地关注每名学生的成长与问题，提供更有针对性的教学支持。

2. 合作与互动

小群体内的学生通过互相讨论、合作训练和共同探讨问题等方式，促进了团队精神和集体意识的培养。通过合作，学生不仅能提高自身的技能，而且能学会如何与他人协作，增强沟通与表达能力。

3. 学生自主性

在小群体的框架内，学生往往需要承担更多的责任（如小组长的角色或是任务分配者的角色），这能够提高学生的自主学习能力和组织能力。

（二）主要优缺点

1. 优点

（1）个性化指导。小群体体育教学模式使教师能够根据每名学生的特点进行针对性教学，尤其对于能力差异较大的班级，能够更好地满足学生的个性化学习需求，提升教学效果。

（2）促进互动与合作。通过小组合作，学生不仅能在技能上互相帮助，而且能增强团队精神和集体荣誉感。小组成员之间的互动有助于激发学生的学习兴趣，创造更积极的学习氛围。

（3）提高学生参与度。小群体体育教学模式能有效提高学生的参与度，学生在小组内的发言和练习机会较多，能够避免在大班教学中可能出现的"旁观者"现象，确保每名学生都有机会动手实践。

（4）灵活性强。小群体模式具有较强的灵活性，教师可以根据小组成员的实际情况调整任务内容和教学节奏，灵活应对课堂中的变化和学生的不同需求。

2. 缺点

（1）教师工作量增加。小群体体育教学模式要求教师对多个小组同时进行指导和管理，这可能导致教师的工作量大幅增加，尤其是在班级人数较多时，教师的精力可能被分散，难以对每个小组都给予足够的关注。

（2）小组管理难度。不同小组成员之间的协作和管理存在一定困难。有些学生在小组内表现消极或小组成员的协作能力不强，这可能导致小组活动的效果不如预期。

（3）资源分配问题。在小群体教学中，每个小组都可能需要不同的教学资源（如器材、空间等）。教学资源有限，可能导致资源分配不均，影响教学效果。

（4）部分学生依赖性强。在小群体内，有些学生过于依赖其他小组成员，缺乏独立思考和自主学习的能力，导致其在小组活动中的发展受限。

三、选择式体育教学模式

（一）建立背景

选择式体育教学模式的形成背景与传统体育教学模式的局限性密切相关。在传统的体育教学模式中，教师通常根据统一的教学大纲进行授课，内容和进度较为固定。这种教学方式忽略了学生个体差异，往往不能激发学生的兴趣与积极性。对于那些对某些体育项目不感兴趣的学生来说，传统体育教学模式更容易导致他们产生抵触情绪。

随着教育理念的进步，现代体育教育逐渐认识到学生个性化发展和兴趣驱动的重要性。在这一过程中，选择式体育教学模式应运而生。其核心思想在于突破传统的"一刀切"模式，让学生在教学活动中拥有更多的自主权，能够根据个人兴趣、身体条件和发展需求自由选择体育项目。这一教学模式不仅提升了学生的学习兴趣，而且有助于培养学生自主学习和终身体育的意识。

（二）指导思想

选择式体育教学模式的指导思想强调学生主体性的提升及教育的个性化需求。具体而言，其主要体现在以下几个方面。

1. 学生自主选择

教师为学生提供多样化的体育活动选择并赋予学生选择的权利，让他们根据个人兴趣、运动技能水平或身体条件做出适合自己的选择。这种做法强调尊重学生的个体差异，使他们能够在自己喜欢或擅长的领域中深入发展。

2. 多样化发展路径

选择式体育教学模式打破了传统教学的单一性，允许学生在多个体育项目之间进行选择。这种多元化的学习方式能够满足学生的兴趣和潜力，帮助学生在不同的体育项目中找到最适合自己的发展路径。

3. 兴趣驱动和内在激励

学生能够自主选择感兴趣的体育活动，从而激发他们的内在动机，促使学生更加积极地参与体育锻炼。相比于传统体育教学模式，选择式体育教学模式下的体育课程更能激发学生的热情和主动性，从而提高他们的参与度和学习效果。

（三）主要优缺点

1. 优点

（1）增强学生的参与感和主动性。选择式体育教学模式通过赋予学生选择权，提高了他们的参与感，使学生在体育课堂中扮演更加积极的角色。这种自主性有助于学生更加主动地投入到体育活动中，从而提升他们的学习效率和兴趣。

（2）符合个性化发展需求。每名学生的兴趣、特长和发展需求各不相同，选择式体育教学模式通过提供多种选择，帮助学生在自己喜欢的领域内获得更好的发展。这不仅促进了学生的全面发展，而且尊重了学生的个性差异。

（3）提高体育教学的多样性和灵活性。选择式体育教学模式让教师可以根据学生的不同需求，灵活地设计和调整教学内容。教师不再局限于固定的课程安排，而是可以根据学生的兴趣和水平，灵活地安排教学活动，从而提升了体育教学的适应性和针对性。

2.缺点

（1）可能导致部分学生的选择困难。虽然选择式体育教学模式提供了多样化选择，但是部分学生因为缺乏指导或对体育活动了解不足，难以做出正确的选择。这导致一些学生在选择过程中感到困惑或失去学习方向。

（2）对教师的要求较高。选择式体育教学模式要求教师具备较高的教学设计能力和课堂管理能力。教师需要根据学生的兴趣和能力设计不同的教学活动，这对教师的专业素质和经验提出了更高的要求。

（3）可能造成课堂管理难度增加。由于学生选择了不同的活动项目，课堂上可能出现学生在不同区域进行不同活动的情况，这要求教师具备良好的课堂管理能力，以确保教学活动的有序进行。尤其是在大班教学时，管理难度可能进一步加大。

四、发现式体育教学模式

（一）建立背景

发现式体育教学模式是指通过体育教师的指导，学生能够独立地研究和发现事实和问题，从而更加深刻地掌握相关原理和知识的一种教学模式。这种教学模式主要强调学生的直觉思维、内在的学习动机及教学过程三个方面。

（二）指导思想

发现式体育教学模式是教师通过适当地对学生进行引导，让他们运用主观思维进行积极地思考，独立地发现问题、解决问题的教学方式。因此，这种体育教学模式的指导思想是在体育教学中遵循学生的认知规律，考虑教学过程，体现以学生为主体、以学生为中心的思想。发现式体育教学模式的指导思想具体包括以下几个方面。

（1）着重增强学生学习的积极性和趣味性。

（2）调动学生思维的主动性，开发学生的智力。

（3）在以学生为主体的前提下，对学生进行指导。

（4）在揭晓答案之前，要让学生自己去探索问题的答案。

（5）设置问题情境，使学生自然地进入教学情境之中，激发学生的学习热情与积极性。

（6）可以提高学生学习运动技能的效率，使学生更加深刻地领悟技能和知识，记忆更加牢靠。

（三）主要优缺点

1. 优点

（1）提高学习积极性。发现式体育教学模式通过让学生自主探索，激发了他们的学习热情。与传统体育教学模式相比，这种模式让学生参与其中，感受到更多的成就感，从而增强了他们的学习动力，提升了学习效率。

（2）促进智力发展。发现式体育教学模式不仅关注学生的体能锻炼，而且注重学生智力的提升。通过设置情境，学生需要主动思考、解决问题，这有助于他们在体育技能学习过程中提高观察力、分析力和创新能力。

2. 缺点

（1）减少运动技能练习时间。发现式体育教学模式强调问题探讨和自主学习，这些环节可能占用过多的课堂时间，导致学生在技能练习和巩固方面的时间减少，从而影响运动技能的熟练度和掌握效果。

（2）受外部因素影响较大。虽然发现式体育教学模式具有较强的灵活性和开放性，但是容易受到课堂氛围、学生情绪等不稳定因素的影响，使其教学效果难以在短期内与传统体育教学模式进行直接比较，存在评估困难的问题。

五、领会式体育教学模式

（一）建立背景

领会式体育教学模式是在 20 世纪 80 年代由英国学者提出的。在当时，这种教学模式主要运用于改造体育教学的教学过程结构。该模式在应用过程中试图通过从整体开始学习或领会新教程，并且对以往只追求技能，忽略学生对整个运动项目的认知和对运动特点把握的缺陷进行改进和完善，以达到提高体育教学质量的目的。

（二）指导思想

领会式体育教学模式的指导思想主要包括以下几个方面。

（1）领会式教学模式强调先尝试，后学习。

（2）要在尝试的过程中了解学习运动技术的重要性，进而提高学生学习的主动性。

（3）强调先进行完整教学，后进行分解教学，在掌握各部分分解动作的基础上，再完整尝试，从而比较学习前后的效果。

（4）竞赛是开展体育教学活动最主要的组织形式，这有利于提高学生学习的积极性和实用性。

（三）主要优缺点

1.优点

领会式体育教学模式通过初步的体验和感知让学生理解动作的意义，从而产生学习的动机和需求。教师根据学生的学习状态和反应，灵活调整教学策略，既增强了学生的参与感，又能有效调动其学习兴趣。

2.缺点

学生在最初阶段对某些体育项目缺乏深入了解，可能出现一些操作上的困难或误解，导致活动或比赛无法顺利进行。在此过程中，学生的兴趣和信心可能受到影响。为了避免这种情况，可以通过降低比赛难度，简化任务要求，帮助学生逐步适应并掌握运动技巧，使他们能更顺利地融入活动。

第三节　体育教学模式的改革趋势与发展方向

一、重视学生的主体性

传统体育教学模式强调教师的主导作用，学生被视为被动接受知识的对象。随着教育理念的变化，越来越多的体育教学模式开始强调学生的主体地位。学生不仅是体育技能的学习者，而是教学过程中的积极参与者和决策者。体育教学模式的改革鼓励学生根据自己的兴趣和需求选择学习内容，并通过自主探索和合作学习提高运动技能和身体素质。这一改革有助于激发学生的学习主动性，提升他们的综合能力，培养其独立思考和解决问题的能力。

二、注重学生能力的培养

体育教学模式的改革不仅关注学生的体能发展，而且重视学生综合能力的培养（特别是在心理素质、团队合作和领导力等方面的培养）。新的体育教学模式将学科知识的传授与实际能力的提升相结合，强调体能训练的同时，注重学生运动技能的创新应用和跨学科能力的培养。例如，团队合作项目不仅能提高学生的运动技能，能提升他们的沟通与协作能力，帮助学生在日常生活中更好地适应社会需求。因此，体育教学模式的改革趋势逐渐向着全面素质教育的方向发展。

三、保留演绎型教学模式

尽管现代教育提倡学生的自主学习和个性化发展，但演绎型教学模式仍然在体育教学中占有重要地位。演绎型教学模式注重从教师主导的角度出发，系统地向学生传授基本的技能和知识，是体育教学中不可忽视的一环。在改革过程中，演绎型教学模式并不会被完全取代，而是将与其他教学模式结合，形成更加灵活和多元的教学体系。在这一过程中，教师的专业知识和指导作用依然是学生学习和进步的关键。演绎型教学模式的保留，能够确保学生在接触新知识和技能时，有一个系统的框架和方向，为其他教学方法提供有力的支持。

体育教学模式在不断的发展中，逐渐体现出更高层次的理论研究和教学实践需求。以下是体育教学模式在未来发展中的几个重要方向。

（1）理论研究的精细化。体育教学模式的发展不仅需要实践中的不断探索和总结，更需要系统化、精细化的理论支持。未来的体育教学理论将更加注重个性化和差异化的研究，根据学生的身心特点、社会背景及文化差异等，构建出更加细化的教学框架。这种精细化的理论研究能够帮助教师在课堂上进行更有针对性的教学设计，最大程度上满足不同学生的需求，促进他们在体育活动中的全面发展。随着教育技术的不断进步，大数据和人工智能的运用将成为推动理论精细化的重要工具，使体育教学模式的理论研究更加精准和个性化。

（2）教学目标的情意化。传统体育教学目标多集中在技能的培养和体能的提升，现代体育教学越来越注重情感、态度和价值观的培养。因此，体育教学目标的情意化成为体育教学模式发展的重要方向。体育教学目标不局限于学生运动能力的提升，还应包括培养学生对体育的兴趣、热爱与坚持的情感，以及良好体育道德和团队精神的塑造。未来的体育教学模式将注重情感教育的融入，帮助学生在运动中培养积极向上的心态、合作精神和自我超越的勇气，从而推动学生身心的全面发展。

（3）教学形式的综合化。体育教学的形式将更加注重多元化和综合化的发展。在传统体育教学模式中，教学形式较为单一，主要集中在课堂内的讲授与示范。而未来的体育教学模式将整合更多的教学形式（如线上与线下结合的混合式教学，户外运动与室内运动的结合，竞技与趣味结合的体育活动等）。这种综合化的教学形式能够更好地满足学生的个性化需求，提供更多的学习选择，进而提高学生的参与度和学习兴趣。

（4）教学实践的现代化。随着信息技术的发展，体育教学实践的现代化将成为重要的发展趋势。数字化技术的运用不仅能够丰富教学资源，而且能够提高教学效率。例如，借助虚拟现实技术，学生可以在模拟的运动场景中进行训练，进行即时反馈与修正；利用数据分析技术，教师能够实时监测学生的体能状态和运动表现，并根据数据做出个性化教学调整。教学内容的多样性、教学方法的灵活性及学习方式的创新性，都将在未来的体育教学模式中得到体现，从而推动体育教学实践的现代化。

（5）评价标准的多元化。评价标准的多元化是体育教学模式发展的一个显著趋势。传统体育评价方式主要侧重于技能的考核和体能的测量，新的体育评价标准将更加全面，涵盖学生的过程性评价和心理素质评价、社交能力评价等多个方面。例如，老师可以通过观察学生在团队运动中的协作表现、情感态度的变化和解决问题的能力等，进行更为细致的评估。此外，学生的自我评价和同伴评价也将成为重要的补充手段，形成多层次、多维度的评价体系，以更加全面地反映学生的综合素质和发展潜力。

通过上述各项措施，未来的体育教学模式将更加注重个性化发展、创新性思维和全面素质的培养，从而为学生提供更加丰富和多元的学习体验，推动体育教育的持续进步与发展。

第四节　新型体育教学模式的构建和运用

一、新型体育教学模式的构建

（一）构建原则

1. 坚持教学目标、内容、形式、结构与功能的统一原则

新型体育教学模式的构建需要从整体出发，处理好教学目标、内容、形式、结构与功能之间的关系。体育教学活动的设计不仅要关注教学目标的达成，而且要使内容、教学方法、组织形式及教学评估等方面的功能相互协调和支持。因此，教师应对体育课堂结构和形式的功能进行全面分析，确保各个环节在实践中互为支撑，以实现教学目标的最优达成。教学目标的设定应考虑学生的能力发展、身体素质和心理健康等方面的需求。同时，教学内容要具有系统性与针对性。教师在选择教学模式时，应根据具体的教学环境与学生特征做出科学合理的选择，从而推动教学内容的有效呈现与学生能力的全面提升。

2. 坚持统一性与多样性的统一原则

（1）统一性。在构建新型体育教学模式时，应注重继承和发扬我国体育教学的优良传统，尤其是中华人民共和国成立以来的体育教学思想与成功经验。这些经验具有深厚的文化底蕴和实践基础，可以为新型教学模式的构建提供理论指导和经验借鉴。教师需要从过去的教学模式中汲取有益成分，使新模式更具文化传承性和实践适应性。

（2）多样性。每名学生在体质、兴趣和学习风格等方面都有不同的特点，因此，单一的教学模式难以满足不同学生的需求。教师在设计教学模式时，应灵活采用多种教学形式（如混合式学习、项目式学习等），并通过丰富的体育活动与多元化的教学手段增强学生的参与感与学习动力，从而避免过于程序化和刻板的教学形式。

3. 坚持借鉴与创新的统一原则

体育教学模式的创新不仅需要借鉴国内外先进的教学理念和教学方法，还要注重结合我国的实际情况和教育背景进行本土化创新。借鉴国际先进的教学

理念和方法可以帮助教师拓宽视野，吸收优秀的教育思想和经验，但这种借鉴应与本土实践相结合。例如，国外注重个人自主学习和创新能力的培养，国内的教学模式更加注重集体协作和社会责任感的塑造。在借鉴国外经验时，需要审视其是否适应我国学生的实际需求和教育环境，并对其进行调整。同时，要加强创新意识，探索与时代发展相适应的体育教学模式，尤其要在信息化、智能化等方面加大创新力度，推动体育教育的现代化发展。

（二）构建步骤

1.调研与需求分析

在构建新型体育教学模式的初期，需要进行广泛的调研与需求分析，了解学生的兴趣、需求及学习习惯。通过问卷调查、访谈和课堂观察等方式，收集学生、教师和家长的反馈，明确教学目标和关键内容，找出目前体育教学中存在的不足和亟待改进的环节。

2.教学内容与方法的设计

根据需求分析的结果，设计新的教学内容和教学方法。这一阶段要注重融合学科知识与运动技能的双重要求，同时注重趣味性和实践性。教学方法应灵活多样（如采用案例教学、情境模拟、合作学习、项目式学习等方式），既有助于知识的传授，也能促进学生的能力提升。

3.教学模式的实验与反馈

新型体育教学模式的构建不是一蹴而就的，而是需要经过不断实验和反馈的过程。通过在不同年级、班级和学校进行试点，收集教师和学生的反馈意见，分析新型体育教学模式在实施过程中遇到的问题，并根据反馈进行优化调整。实验阶段是检验新模式有效性、可操作性的关键阶段。

4.评价与持续改进

新型体育教学模式的构建是一个持续改进的过程。在实施过程中，应设置合理的评价机制，不仅评估学生的运动成绩，而且应评估其参与度、情感态度和团队合作等方面的表现。根据评价结果，持续优化教学模式和教学方法，推动教学质量的不断提升。

二、新型体育教学模式运用的参考依据

新型体育教学模式的选择与运用的主要参考依据如下。

（一）参考体育教材

教材是教学内容的核心载体，任何新的教学模式的应用必须与教材内容紧密结合。新型体育教学模式应以教材为基础，通过对教材内容的解构与重构，设计出切实可行的教学活动与任务。教材中的理论知识、技能要求及运动项目的系统安排，为教学模式提供了框架和具体指导。因此，教师在选择与运用教学模式时，应考虑教材内容的特点，确保新模式能有效地传递教材中的知识点，并适应教材的教学要求。

（二）参考体育教学目标

每种体育教学模式的核心目标是提高学生的运动能力与综合素质。因此，教师在构建新型体育教学模式时，必须充分考虑到教学目标的设定。教学目标应具体、明确，包括知识掌握、技能提升、身体素质改善、情感态度发展等多个维度。新型体育教学模式应紧密围绕这些目标展开，确保通过多样化的教学方法与活动，达到促进学生全面发展的效果。

（三）参考体育教学对象

体育教学对象的特征和需求是选择合适教学模式的关键依据。不同年级、不同基础、不同兴趣的学生群体，在体育学习过程中有不同的需求与挑战。因此，教师必须依据学生的年龄特点、身体状况、运动技能基础及心理需求等多方面因素，合理选择与调整教学模式。通过充分了解学生的特点，教师可以设计出更具针对性的教学活动，从而提高学生的学习兴趣和参与度，进而达到教学效果的最大化。

（四）参考体育教学条件

体育教学的条件（包括教学场地、设备、师资力量及时间安排等），是新型体育教学模式能否顺利实施的重要基础。教师在选择和应用体育教学模式时，必须考虑当前教学条件的实际情况。例如，在设施较为简陋的情况下，无法采用一些高科技或设备依赖性强的教学模式，教师需灵活运用资源，选择适

合的模式进行教学。此外，教学时间的安排、班级规模及学生的体能差异等，也是影响教学模式选择的重要因素。因此，在实践中，教学条件的适配性是新型体育教学模式能否成功实施的重要保障。

三、两种新型体育教学模式的构建与运用

（一）启发式体育教学模式的构建与运用

启发式体育教学模式是一种强调学生自主学习、积极思考的教学方法，其核心理念在于通过教师的引导与启发，激发学生的学习兴趣与思维能力。该模式不依赖教师的讲授，而是让学生通过实际操作与问题探究，自己获取知识并解决问题，形成深度学习。

1. 构建理念与原则

（1）根据学生认知特点进行设计。教师要根据学生的年龄、认知水平及体育基础，设计符合其发展需要的教学活动。通过理解学生的思维特点，教师能够更有效地设计问题情境，引导学生自主思考。

（2）以教学目标为核心。启发式体育教学模式的核心目标是激发学生的思维能力和问题解决能力。教师应明确每节课的教学目标，将其与启发式教学方法紧密结合，确保学生通过自己的探索实现对知识的深刻理解和掌握。

（3）问题引导与反馈机制。教师应设计具有挑战性的问题情境，通过提出问题、启发思考和激发讨论等方式，引导学生思考和反思。在教学过程中，及时的反馈能帮助学生修正误解，加深对知识的理解。

2. 运用策略与实践

（1）情境设定与问题提出。教师可以通过设置具体的教学情境或运动情景，让学生在实践中面对具体问题。例如，在教学篮球投篮时，教师可以让学生自行尝试不同的投篮姿势，并引导他们思考哪些投篮姿势效果最佳，哪些技巧能够提升投篮成功率。

（2）合作与探讨。启发式体育教学模式强调学生之间的互动与合作。教师可以通过小组合作、同伴互评等形式，促使学生共同讨论和解决问题。在合作学习中，学生不仅能提高自己的理解能力，而且能在与他人交流的过程中拓宽思维。

（3）循序渐进的引导。启发式体育教学模式应遵循由浅入深、由易到难的教学步骤。在初期阶段，教师可以通过较简单的问题或任务激发学生思考，逐步增加问题的难度，推动学生的认知发展。例如，在讲授足球基础动作时，先让学生了解踢球的基本姿势，再通过模拟比赛让学生在实践中发现和解决问题。

（4）自我探索与反思。启发式体育教学模式不仅要求学生发现问题，而且强调学生在解决问题后的反思过程。教师可以引导学生在学习结束后进行自我总结，思考哪些方法有效，哪些技巧需要改进，从而提高学生的自主学习能力。

3. 应用效果

启发式体育教学模式注重学生的思维发展和解决问题的能力，能够有效提升学生的学习积极性与自主性，不仅帮助学生掌握体育技能，而且培养学生的创新意识和独立思考能力。学生在这一过程中，能够学会如何在遇到挑战时自主寻找解决方案，这对其终身学习和体育素养的提升具有重要意义。同时，这种教学模式能增强学生的团队合作意识和沟通能力，有助于他们在集体活动中更好地发挥个人优势。

（二）合作式体育教学模式的构建与运用

合作式体育教学模式是一种强调学生之间相互合作、共同参与的教学模式。在小组或团队合作中，学生不仅能提升体育技能，而且能培养团队精神、沟通能力与集体责任感。该模式着重于通过合作实现知识的共享与技能的提升，符合现代教育对学生全面素质培养的要求。

1. 构建理念与原则

（1）强调团队协作与角色分工。合作式体育教学模式强调团队内部的角色分配与任务协作。教师应根据学生的能力和特点，将学生分组，每组负责不同的任务（如技能练习、比赛策略设计等）。通过分工与协作，学生能够共同承担任务，互相促进，达到共同进步的目标。

（2）平等与互助。合作式体育教学模式要求学生在小组内保持平等与互助的态度。无论能力高低，所有学生都能在小组中发挥自己的作用，相互帮助、共同进步。这种平等和互助的氛围有助于增强学生的集体归属感与责任感。

（3）强调过程与反馈。合作式体育教学模式不仅关注学生的最终成绩，而且注重团队合作的过程。教师应在教学过程中不断给予反馈，关注每个小组成员的参与程度、团队协作的质量和任务完成的情况，及时调整教学策略，确保学生通过合作获得最大成长。

2. 运用策略与实践

（1）小组合作练习。教师可以将学生分为若干小组，每组负责某一体育项目或技能的练习与探究。小组成员共同讨论、制订训练计划并互相协作，推动集体进步。例如，在篮球教学中，学生可以分组进行传球、投篮等技能练习，通过团队合作互相激励，提升整体水平。

（2）团队竞争与合作。通过设置团队竞争的环节，学生在比赛中既能展示个人技能，又能通过团队协作取得胜利。例如，在足球或排球比赛中，教师可以组织学生进行小组对抗赛，鼓励学生通过团队合作赢得比赛，不仅注重个人技术的发挥，而且强调集体策略的执行。

（3）任务驱动与共同目标。教师可以设置任务驱动的教学情境，明确小组合作的具体目标，鼓励学生在合作过程中设定自己的小目标，最终推动小组成员共同完成集体任务。任务的多样性与挑战性可以激发学生的参与热情，增强团队协作的动力。

（4）反思与自我评估。在合作式体育教学模式中，反思与自我评估是提升学生团队合作能力的重要手段。教师可以定期安排反思环节，让学生回顾合作过程中的优点与不足，通过集体讨论和自我评估提升合作意识与技巧。

参考文献

［1］ 盖华聪.体能训练理论与方法设计［M］.北京：新华出版社,2023.

［2］ 孟凡海,马兴红.体能训练与体育教学创新研究［M］.长春：吉林出版集团股份有限公司,2023.

［3］ 李文意,汪冰洋,杨蕊.高校体能训练理论与方法研究［M］.北京：文化发展出版社,2023.

［4］ 熊哲犇,曾勇,高峰.大学生体能训练前沿理论与方法应用实践研究［M］.长春：吉林出版集团股份有限公司,2024.

［5］ 何茂林.高校体育教学创新与教学改革研究［M］.北京：线装书局,2023.

［6］ 轩苏磊.现代高校体育教学理论与实践研究［M］.北京：中国言实出版社,2024.

［7］ 蔡增亮.高校体育教学理论与创新发展研究［M］.北京：线装书局,2023.

［8］ 刘玲玲,吴江.信息化背景下体育教学与转型［M］.长春：吉林科学技术出版社,2023.

［9］ 彭亮,王壮.现代体育教学设计与教学质量提升研究［M］.广州：广东人民出版社,2023.

［10］ 钱坤,刘昱材,杨洋.育人视野下高校体育教学创新研究［M］.长春：吉林出版集团股份有限公司,2023.

［11］ 岳鹜.体教融合理念下体育教学改革与学生健康促进研究［M］.武汉：武汉理工大学出版社,2023.

［12］ 王翠娟,张雪飞,王丽娜.高校体育科学化教学创新研究［M］.长春：吉林出版集团股份有限公司,2023.

［13］ 赵文姜.体育教学与体能训练［M］.长春：吉林出版集团股份有限公

司,2023.

[14] 张帅奇.体能测试与体能训练方略［M］.汕头：汕头大学出版社,2023.

[15] 吴文中,宋家成.体能学练方法与实践指导［M］.北京：中国书籍出版社,2022.

[16] 万淑娥.体育训练与教学实践［M］.北京：北京工业大学出版社,2022.

[17] 位一纯,何松博,贾洪淳.高校体育教学工作研究［M］.长春：吉林科学技术出版社,2023.

[18] 孙策,屈珊珊,张贻杭.高校体育教学方法与实践研究［M］.北京：中国商务出版社,2023.

[19] 史祎.体育教学与运动训练康复研究［M］.哈尔滨：黑龙江科学技术出版社,2023.

[20] 张建梅.高校体育教学与大学生体能训练［M］.长春：吉林科学技术出版社,2020.

[21] 邱吉儿.体育教学创新与健康锻炼探究［M］.长春：吉林科学技术出版社,2023.

[22] 张晓川,高健,任翔.体育教学改革创新与训练实践研究［M］.沈阳：辽宁人民出版社,2023.

[23] 陈婷婷.高校体育教学模式创新研究［M］.北京：九州出版社,2023.

[24] 丁先琼,王晓琴,杨杰.大学生体育教学改革研究［M］.昆明：云南人民出版社,2023.

[25] 武承辉,丁旭飞,李永奇.高校体育教学方法与实践研究［M］.长春：吉林科学技术出版社,2023.

[26] 宋鑫平,程子庸.体能训练理论体系与实践［M］.北京：中国纺织出版社有限公司,2022.

[27] 龙斌.现代体能训练基础理论［M］.武汉：湖北科学技术出版社,2022.

[28] 吉顺龙,李合生,于世辉.科学体能训练与康复研究［M］.延吉：延边大学出版社,2022.

[29] 王保臣.体能训练评测方法与应用［M］.天津：天津社会科学院出版社,2021.

[30] 贺道远.体能训练理论与方法［M］.长春：吉林大学出版社,2020.